Zoom Meetings Handbuch

Der ideale Begleiter für produktive Videokonferenzen und Online-Meetings

Peter Marek

1. Auflage
2020

Inhaltsverzeichnis

Inhaltsverzeichnis 2

Vorwort 7

1. Online-Meetings - Eine Einleitung 9

Wie alles begann 9

Vorteile von Online-Meetings 10

Kostenersparnisse 11

Flexible Teilnahme – egal von wo 11

Teilen Sie Ihre Informationen und Dokumente 12

Gesteigerte Produktivität 12

Zoom als Anbieter 13

2. Die unterschiedlichen Zoom Modelle 14

ZOOM Basic 14

ZOOM PRO 15

ZOOM Business 15

ZOOM Enterprise 15

Erweiterte Zusatzfunktionen 16

3. Einsatzmöglichkeiten von Zoom 17

Videokonferenzen 17

Webinare 17

Telefonkonferenzen 18

Chat Austausch 18

Musikgruppen 19

Zoom als virtuelles Klassenzimmer 19

Meetings und Webinare im Vergleich 20

4. System- und Hardwareanforderungen 25

Unterstützte Betriebssysteme 26

Unterstützte Mobilgeräte und Tablets 26

Unterstützte Browser 27
Prozessor und RAM Anforderungen 27
Anforderung an die Bandbreite 28
5. Erste Schritte mit Zoom................................. 29
Download und Installation von Zoom 29
Die verschiedenen Zoom Rollen...31
Profil einrichten und aktualisieren 32
Audio Einstellungen vornehmen 33
Kamera Einstellung überprüfen...34
Verschiedene Rollen in einem Meeting 35
Zoom als App...37
Die Nutzung für iOS Geräte..37
Die Nutzung für Android Geräte....................................40
6. Teilnahme an einem Meeting........................ 42
Einem Meeting beitreten..42
Was ist bei einem Meeting zu beachten? 43
7. Ein Meeting planen und durchführen 45
Teilnehmer einladen 46
Wiederkehrende Meetings planen 48
Ein Meeting als Host durchführen..49
Der Aufbau des Konferenzraums 50
Erstellen einer Meeting Vorlage...52
Simultane Meetings veranstalten 53
Die persönliche Meeting-ID (PMI) verwenden 54
Ein Meeting über das MS Outlook PlugIn planen 54
Ein Meeting über Outlook planen.................................56
Eine persönliche Audiokonferenz über Outlook planen 58
Eine bestehende Einladung in ein Zoom Meeting wandeln59
Einen Kalendereintrag in ein Zoom Meeting wandeln 61
Das PlugIn Symbol fehlt – was tun? 62

8. Funktionen während eines Meetings 63
INTERAKTIONEN IM MEETING 63
EINE UMFRAGE ERSTELLEN 63
BILDSCHIRM TEILEN UND FREIGEBEN 64
WARTERÄUME UND BREAK OUT RÄUME 66
DIE WHITE BOARD FUNKTION 67
DOKUMENTE TEILEN 70
EINSTELLUNGEN ÜBER DAS SICHERHEITSSYMBOL........................71
AUFZEICHNUNGEN AUFNEHMEN 72
VIRTUELLE HINTERGRÜNDE EINRICHTEN 73
FILTER, RAHMEN UND BELEUCHTUNG......................................75
GRUPPENNACHRICHTEN ERSTELLEN 76
WEITERE OPTIONEN 77
9. Die Rollenbasierte Zugriffsteuerung................. 79
WEITERE BENUTZERROLLEN ZUWEISEN 80
BESTEHENDE BENUTZERROLLEN ÄNDERN 81
10. Zoom for Home Einrichtung........................... 82
11. Zoom Branding einrichten 84
DIE STARTSEITE ANPASSEN...85
Schriftfarbe ändern 86
Titel der Seite ändern..87
Ändern der Button Farbe..87
Ändern des Logos 89
NAVIGATION, KOPF- UND FUSSZEILE ÄNDERN 89
12. Nützliche Tastaturkürzel.............................. 91
VERFÜGBARE TASTATURKÜRZEL 91
Windows Tastenkürzel 91
Mac Tastaturkürzel...94
Linux Tastaturkürzel...96
iPad Kürzel..98

13. Zoom Rooms 99
Erste Schritte bei der Nutzung von Zoom Rooms 99
Lizenzierung von Zoom Rooms 99
Zoom Rooms vorbereiten...100
Einrichten der Zoom Rooms..102
Der Zoom Room Controller...103
Ein Zoom Room Meeting starten 103
Einladung über Telefon 104
Zusätzliche Ressourcen 105
14. Zoom Phone.. 106
Erste Schritte mit dem Zoom Phone 106
Anrufe tätigen 107
Anrufe entgegennehmen 108
Weitere Funktionen mit dem Zoom Phone.........................109
15. Wertvolle Tipps und Tricks 111
Ein Meeting in ein Webinar wandeln 111
Zoom Bombing verhindern 112
Das Zoom Passwort zurücksetzen 112
Echo im Audio – Was tun? 114
Wie kann ich die E-Mail Adresse meines Kontos ändern? 115
Side by Side Modus nutzen 116
Eine sichere Zwei-Faktor Authentifizierung nutzen...........117
Konten zu einer Organisation verknüpfen 118
Zoom Server Logs einsehen 120
Einen Zoom Account löschen 120
Schlusswort 122
Haftungsausschluss 124
Urheberrecht... 124
Impressum 125

Vorwort

Virtuelles Arbeiten gewinnt in der heutigen Zeit immer mehr an Bedeutung und ist bereits jetzt kaum noch aus dem Alltag im Büro wegzudenken. Auch Online-Meetings sind wichtiger denn je zuvor. Sie ermöglichen die Durchführung effizienter und flexibler Konferenzen, bei denen es keine Rolle spielt, ob sich die Teilnehmer im Büro befinden oder sich stressfrei aus dem Homeoffice einwählen.

Bei den meisten Softwareprogrammen für Online-Meetings sind Funktionen wie der Videochat, das Teilen des Bildschirms und eine Chatfunktion selbstverständlich. Zoom ist eines der zahlreichen Tools für Online-Meetings, die es auf dem Markt gibt. Die Software zeichnet sich dadurch aus, dass sie sehr viele weitere Funktionalitäten im Vergleich zu Programmen anderer Anbieter besitzt. Neben Onlinekonferenzen sind beispielsweise sogenannte Webinare möglich, bei denen sich sage und schreibe bis zu 10.000 Teilnehmer einwählen können. Über die Cloudfunktion lassen sich Dokumente und Dateien teilen. Sie haben sogar die Möglichkeit, eine Umfrage direkt in Ihrem laufenden Meeting zu erstellen und diese an die Teilnehmer zu versenden. Das alles sind Optionen, die Ihnen die Zoom Software bietet.

Mit Zoom Rooms und Zoom Phone stehen Ihnen sogar noch zwei weitere leistungsstarke Zusatzdienste zur Verfügung. Zoom Rooms zeichnet sich durch ein einzigartiges Raumkonzept aus, das speziell für virtuelle

Meetings konzipiert wurde. Zoom Phone ist die ideale Lösung für Telefonkonferenzen.

Das Unternehmen, welches Zoom entwickelte, ist eine US-Amerikanische Software Firma, die 2011 gegründet wurde und ihren Hauptsitz in San Jose, Kalifornien, hat. Die Gründer verfolgten eine Mission, die auch heute noch den Leitgedanken des Unternehmens widerspiegelt. In ihrer Vorstellung sollten Videokonferenzen und Online-Meetings so reibungslos wie möglich durchzuführen sein. Eines der Ziele bestand also darin, Unternehmen und Organisationen mithilfe ihrer Plattform für Video-, Ton- und Content Sharing zusammenzubringen. Und zwar ohne, dass erst umständlich eine Software installiert werden muss, die von Endgerät zu Endgerät auch noch eine unterschiedliche Konfigurationseinstellung benötigt.

Zoom funktioniert auf allen mobilen Endgeräten, Desktop Rechnern, Smartphones und speziell konzipierten Room Systemen. Die Zoom Software wurde das erste Mal im Jahr 2013 veröffentlicht, im darauffolgenden Jahr wurde sie durch eine Chat-Funktion bei Videoanrufen erweitert. Nach und nach kamen die Optionen für die Durchführung von Webinaren und anderen Features hinzu. 2017 wurde eine erste Nutzerkonferenz abgehalten und weitere Büros in Großbritannien und Australien eröffnet. Seit 2019 ist das Unternehmen an der Börse. Zoom erkennen Sie an seinem Markenzeichen – dem blauen Zoom Schriftzug.

1. Online-Meetings - Eine Einleitung

Ein Online-Meeting, auch als Webkonferenz oder virtuelles Meeting bezeichnet, ist ein virtuelles Treffen von Teilnehmern, unabhängig davon, wo sich diese gerade befinden. In der Regel können alle Teilnehmer das Geschehen wie etwa eine Präsentation, Vorstellung eines neuen Projekts oder auch das Teilen eines Dokuments direkt über den Bildschirm mitverfolgen. Die wesentlichen Funktionen bei einem Online-Meeting sind darauf abgezielt, die Durchführung und Zusammenarbeit bei einem webbasierten Meeting einfacher zu gestalten. Hierzu zählt unter anderem die Plattformunabhängigkeit des Systems, die Bildschirmfreigabe, die Chat Möglichkeit, das Austauschen von Dateien und vieles mehr. Im Laufe der Zeit wurden diese Funktionen immer weiter verfeinert und erweitert.

Wie alles begann

Der Ursprung der heutigen Webkonferenzen geht auf die 1960er Jahre zurück. Damals stellte das Unternehmen AT&T (ursprünglich: American Telephone and Telegraph Company) im Rahmen der New Yorker Weltausstellung das sogenannte Bildertelefon vor. Allerdings war dieses Modell zu teuer und wurde nie zum Erfolg. Besser lief es für Ericsson, die einige Jahre später erfolgreich den ersten transatlantischen Videoanruf durchführten. Doch auch hier gelang noch kein wirklicher Durchbruch hinsichtlich der Nutzung der Videotelefonie. Das Geschäft entwickelte sich dennoch schnell weiter und 1976 wurde das Network Video Protocol (NVP), 1981 das Packet Video Protocol (PVP) veröffentlicht. Allerdings standen diesen Techniken damals nur der Industrie zur Verfügung und waren für den privaten oder kleineren Bürobetrieb noch unerschwinglich.

Ein weiterer Meilenstein in der Geschichte der Videotelefonie erfolgte 1982, als IBM Japan eine wöchentliche Videokonferenz mit IBM USA etablierte.

Den wirklich entscheidenden Fortschritt und Durchbruch in Sachen Online Konferenzen ermöglichte Linux im März 2004. Mit dem Gnome Meeting brachte Linux eine freie Netmeeting-kompatible Videokonferenz Applikation heraus. Daraus entwickelten sich nach und nach die Programme, die es heute auf dem Markt gibt und die sowohl für Privatpersonen als auch für Unternehmen inzwischen nicht mehr aus dem Alltag wegzudenken sind.

Vorteile von Online-Meetings

Vorteile von Online-Meetings gibt es viele. Daher ist es kein Wunder, dass in den letzten Jahren immer mehr Anbieter auf den Markt kamen und sich die Technologie immer weiterentwickelte. Im Folgenden werden die wesentlichen Vorteile eines virtuellen Meetings näher betrachtet.

Kostenersparnisse

Im Vergleich zu physischen Meetings sind virtuelle Meetings in der Regel um ein vielfaches kostengünstiger. Zur Durchführung benötigen Sie nur einen Rechner oder ein mobiles Endgerät, die enstprechende Meetingssoftware und einen Internetzugang. Ein Meeting in einem echten, physischen Raum dagegen verschlingt häufig enorme Kosten. Je nach dem, woher die Teilnehmer anreisen, fallen hohe Reisekosten und Kosten für eine Übernachtung an. Der Raum muss gegebenenfalls in einem Hotel angemietet werden und auch Dinge wie Getränke oder kleinere Snacks sind im Hinblick auf die Kosten nicht zu vernachlässigen. Bedenkt man, dass täglich eine Unmenge an Meetings stattfinden, kommt so sehr schnell eine beträchtliche Summe zusammen. Stellt man nun die Kosten für ein virtuelles Meeting den Kosten eines physischen Meetings gegenüber, liegt es auf der Hand, welche Variante als Gewinner hervorgeht.

Flexible Teilnahme – Egal von wo

Bei Meetings mit Teilnehmern aus verschiedenen Ländern entfällt eine lange und teure Anreise. Einen Internetanschluss gibt es heutzutage fast überall, daher ist auch die Teilnahme an einem Online-Meeting praktisch von überall aus möglich. Teilnehmer aus unterschiedlichen Kontinenten können sich treffen, ohne dafür stundenlang in einem Flugzeug zu sitzen. Besonders praktisch: direkt nach einem abgeschlossenen Meeting kann direkt das nächste folgen – ganz gleich, von wo aus es initiiert wurde. Theoretisch können Sie bequem zu Hause oder im Büro an Ihrem Schreibtisch sitzen und erst mit einem Kollegen in den USA sprechen, um sich fünf Minuten später mit einem Freund aus Indien auszutauschen. Dank virtueller Teilnahme kein Problem.

Teilen Sie Ihre Informationen und Dokumente

Online-Meetings und Webinare ermöglichen es Ihnen, Inhalte und Informationen vor einer großen Teilnehmermenge zu präsentieren. Dabei hat jeder Teilnehmer die gleichen Möglichkeiten und Chancen, die Informationen zu erhalten. Anders als in einem Auditorium, in welchem die Zuhörer in den hinteren Reihen häufig nicht mehr viel von dem Geschehen vorne mitbekommen, ist es bei virtuellen Präsentationen. Hier erhält jeder Teilnehmer die genau gleiche Ansicht über den geteilten Bildschirm und hat, sofern die Funktionalität gegeben ist, die Möglichkeit, Fragen zu stellen und sich zu Wort zu melden.

Gesteigerte Produktivität

Nicht zuletzt tragen virtuelle Meetings zu einer gesteigerten Produktivität in Unternehmen bei. Es ist möglich, sich nacheinander zu mehreren Meetings einzuwählen, ohne dafür erst in einen anderen Raum oder gar in ein anderes Gebäude wechseln zu müssen. Dokumente oder Aufzeichnungen lassen sich direkt während dem Meeting bearbeiten und können im Anschluss problemlos an die Teilnehmer zur weiteren Bearbeitung oder zur Ansicht verteilt werden. Häufig werden dadurch Aufgaben schneller gelöst und Projekte zügiger abgeschlossen.

Als Fazit lässt sich daraus schließen, dass Online-Meetings im Wesentlichen dazu beitragen, die Kosten zu reduzieren, flexibler zu arbeiten und dabei helfen, den Arbeitsalltag einfacher zu gestalten.

Zoom als Anbieter

Zoom hat sich in den letzten Jahren zu einem der größten und bekanntesten Anbieter im Bereich der Online-Meetings etabliert. Mit dem zentralen Produkt, den Zoom Meetings, wurde eine Software entwickelt, die es den Teilnehmern ermöglicht, über einen Desktop Rechner oder über ein Smartphone mit entsprechend installierter App, per Telefon oder über ein speziell entwickeltes Konferenzraum System an Videokonferenzen in HD Qualität teilzunehmen. Zudem können sich die Nutzer über Chatnachrichten austauschen, Dateien online bearbeiten und vieles mehr. Mit nur wenigen Klicks ist Ihr Zoom Account installiert. Zusätzlich zu dem eigentlichen Videokonferenzprogramm hat Zoom die beiden Erweiterungen Zoom Rooms und Zoom Phone auf den Markt gebracht. Im eigenen Zoom App Marketplace sind darüber hinaus zahlreiche zusätzliche Apps und Softwarepakete speziell für die Zoom Erweiterung erhältlich.

2. Die unterschiedlichen Zoom Modelle

Wie bei vielen anderen Softwareprogrammen zur Durchführung von Online Konferenzen und Meetings gibt es auch bei Zoom eine kostenlose Version, mit welcher die Grundfunktionen nutzbar sind. Zusätzlich können weitere Modelle mit erweiterten Funktionen im Abo erworben werden. Insgesamt gibt es vier Zoom Modelle, die preislich variieren. Es ist jederzeit möglich, von einer niedrigen in eine höhere Variante zu wechseln. Unter "Pläne und Preise" finden Sie auf der Zoom Webseite die unterschiedlichen Modelle inklusive einer Preisliste und einer Übersicht über die Funktionen der einzelnen Varianten.

Als Nutzer einer der Pro Varianten haben Sie Zugriff auf die Apps im Marketplace. Das Angebot der Apps ist riesig und es lohnt sich, dort immer wieder einmal vorbei zu schauen, da es ständig Neuerungen und Erweiterungen gibt.

ZOOM Basic

Die kostenlose Variante ermöglicht das Aufsetzen einer Videokonferenz und das Einladen von bis zu 100 Teilnehmern für persönliche Besprechungen. Die Teilnehmer benötigen kein eigenes Zoom Konto. Die maximale Dauer für Gruppenmeetings beträgt bei dieser Variante 40 Minuten. Persönliche Meetings mit zwei Teilnehmern sind in unbegrenzter Menge möglich.

Einladungen lassen sich auch in der Basis Version problemlos über ein mobiles Endgerät öffnen.

ZOOM PRO

Mit der ZOOM Pro Variante sind unbegrenzte Gruppenmeetings und ein Streamen in sozialen Netzwerken möglich. Die Variante eignet sich für kleinere Teams bis zu 100 Teilnehmern. Pro Lizenz steht den Nutzern 1 GB Cloud-Aufzeichnungen zur Verfügung. Es ist möglich, eine Erweiterung auf bis zu neun Lizenzen je Konto zu erwerben.

ZOOM Business

Die ZOOM Business Variante ist ideal für kleinere bis mittelständische Unternehmen. Bei diesem Modell können bis zu 300 Teilnehmer an einem Meeting teilnehmen und Transkripte der Cloud Aufzeichnung nutzen. Verwaltete Domänen und ein individuelles Unternehmens-Branding sind ebenfalls im Business Paket enthalten.

ZOOM Enterprise

ZOOM Enterprise ist die Variante, die für große Unternehmen konzipiert wurde. Eine Zusammenarbeit ist mit bis zu 500 Teilnehmern, die mit einem Enterprise Plus Abo bis auf 1000 Teilnehmer erweitert werden kann, möglich. Hierzu zählt ein unbegrenzter Cloud

Speicherplatz, ein eigener Success Manager und eine Transkription. Zum Erwerb der Enterprise Lizenz ist die Kontaktaufnahme mit dem ZOOM Vertrieb notwendig.

Erweiterte Zusatzfunktionen

Falls Sie Inhaber eines Pro Accounts sind, stehen Ihnen einige erweiterte Funktionen zur Verfügung. Das bedeutet, dass Sie Zugriff auf die kostenpflichtigen Abos besitzen und diese nach Bedarf zu Ihrem Zoom Modell hinzubuchen können. Ähnlich wie im App Store von Apple oder Playstore für Android Geräte gibt es auch für Zoom zahlreiche Apps, die Sie zur Erweiterung nutzen können. Alle verfügbaren Apps sind im App Marketplace von Zoom zu finden.

3. Einsatzmöglichkeiten von Zoom

Videokonferenzen

Videokonferenzen sind zweifelsohne die Hauptfunktion von Zoom. Wie bei anderen Anbietern auch können Sie Online-Meetings mit einem oder mit mehreren Teilnehmern (die mögliche Anzahl ist abhängig davon, welches Zoom Modell Sie nutzen) durchführen. Sie können den Bildschirm teilen, Besprechungen aufzeichnen und vieles mehr.

Webinare

Im Gegensatz zu einer herkömmlichen Konferenz bieten sich Webinare dazu an, den Inhalt mit bis zu 10.000 Zuschauern zu teilen. Ausserdem können bis zu 100 Teilnehmer zur Online-Veranstaltung eingeladen werden. Dies macht deutlich, dass diese Variante in erster Linie dazu gedacht ist, den Inhalt mit einem großen Publikum zu teilen. Webinare zeichnen sich zudem durch einige Zusatzfunktionen gegenüber den Zoom Meetings aus. So kann die Veranstaltung mit einem zugeschnittenen Branding versehen werden, es besteht eine Registrierungsmöglichkeit und es besteht die Option, Umfragen, Frage- und Antworten oder etwa eine Berichterstattung zum Webinar zu erstellen. Um ein Webinar zu aktivieren, müssen Sie dieses zu einem bezahlten Abo (Pro, Business, Education) hinzufügen. Hier gibt es ein spezielles Webinar-Add-on-Abo. Sobald dieses Abo gebucht wurde, kann der Administrator unter der Einstellung *Benutzer bearbeiten* dem gewünschten Benutzer die Rechte zur Webinar Durchführung hinzubuchen.

Telefonkonferenzen

Über die Einwahlnummer können sich Teilnehmer schnell und einfach mit einem Telefon in eine Konferenz einwählen. Das ist vor allem dann praktisch, wenn gerade keine Hardware mit einem Mikrofon und einer Webcam zur Verfügung steht. Auch eine Mischform zwischen Video- und Telefonkonferenz ist möglich.

Chat Austausch

Es muss nicht immer ein Meeting- oder eine Videokonferenz sein, um Zoom zu nutzen. Die Software eignet sich auch als reines Chat Programm. Sie können unkompliziert mit zuvor eingeladenen Kontakten chatten. Voraussetzung hierfür ist, dass die eingeladenen Personen zuvor der Einladung auch zugestimmt haben. Sie werden dann als externe Kontakte bei Ihnen aufgeführt. Noch einfacher ist es, mit Personen im eigenen Unternehmen zu chatten. Sie sind automatisch in Ihrer Kontaktliste vorhanden. Klicken Sie den gewünschten Gesprächspartner in der Kontaktliste an und starten Sie schnell und unkompliziert eine kurze Besprechung oder tauschen Sie sich über ein Thema aus. Wenn Sie sogenannte Kanäle erstellen, ist ein Chat mit mehreren Personen möglich, mit denen Sie sogar Dateien und Screenshots austauschen können. Kontakte so wie Kanäle können Sie im Bereich *Kontakte* einsehen.

Musikgruppen

In erster Linie wurde Zoom für Besprechungen konzipiert. Die Software eignet sich jedoch ebenfalls zum Durchführen von virtuellen Musikunterrichtsstunden. Auch Yoga- oder sogar Tanzstunden sind mit Hilfe der Software möglich. Hier ist es besonders wichtig, die richtige Audio Einstellung vorzunehmen. Gerade bei Übertragungen, bei denen Musik gespielt und parallel gesprochen wird, sollte die Einstellung so aussehen, dass die Übertragung klar und deutlich funktioniert und gleichzeitig die Musik nicht abwechselnd leiser und lauter geschaltet wird.

Zoom als virtuelles Klassenzimmer

Der virtuelle Fernunterricht gewinnt immer mehr an Bedeutung. Damit diese Art von Unterricht erfolgreich ist, sollten vor der ersten Stunde einige Fragen geklärt werden. Überlegen Sie vorab, ob für Sie ein Meeting oder ein Webinar für den Unterricht besser geeignet ist. Hier gilt zu berücksichtigen, dass in niedrigeren Klassenstufen häufiger Fragen gestellt werden und der Austausch zwischen der Klasse und dem Lehrer ein zentraler Aspekt bei der Unterrichtsgestaltung darstellt. Bei einer Vorlesung dagegen ist die Interaktion mit der Lehrkraft eher zweitrangig. Hier liegt der

Fokus auf der Präsentation des Dozenten. Aus genau diesem Grund ist hier ein Webinar die bessere Variante. Für Schulklassen dagegen eignen sich Zoom Meetings besser.

Damit der Unterricht nicht zu unruhig ist, sollte initial nur die Lehrkraft den Bildschirm teilen und alle Teilnehmer bis auf den Host erst einmal auf stumm geschaltet sein. Beide Optionen können Sie als Host während dem Meeting jederzeit ändern. Wenn Sie das Meeting sperren, verhindern Sie zudem, dass ungebetene Gäste teilnehmen und dass sich jemand verspätet einwählt.

Um die Anwesenheit in einer Klasse zu prüfen, sollten Sie eine Registrierung einfordern. Dadurch haben Sie die Möglichkeit, sich später einen Registrierungsbericht anzuschauen und sehen genau, wer an der Stunde teilgenommen hat und wer nicht. Alternativ haben Sie die Option, eine Umfrage durchzuführen, nachdem das Meeting begonnen hat. Auch auf diesem Weg können Sie in Erfahrung bringen, wer sich alles eingewählt hat.

Schalten Sie die Galerieansicht ein, damit Sie die Lernenden während der Sitzung sehen können.

Meetings und Webinare im Vergleich

Meetings eignen sich ideal zum Durchführen von interaktiven Sitzungen mit einem oder mehreren Teilnehmern. Bei Bedarf lassen sich die Teilnehmer in Gruppen aufteilen und in spezielle, sogenannte Break

Out Rooms verschieben. Meetings können beispielsweise als Projektmeeting, Teammeeting, als Besprechung mit einem Kunden oder auch für Trainings genutzt werden. Die Kosten für die Durchführung eines Meetings sind von der Zoom Version abhängig. In der Basis Variante sind Meetings kostenfrei.

Webinare lassen sich mit virtuellen Klassenzimmern oder einem Auditorium vergleichen. Sie sind ideal für ein großes Publikum und Events, die für die Öffentlichkeit gedacht sind. Typischerweise mischen sich Teilnehmer eines Webinars nicht in das Geschehen ein und tauschen sich auch nicht aktiv während der Durchführung aus. Auch wenn es im Webinar die Option gibt, mit den Teilnehmern in Kontakt zu treten sind diese Art von Sitzungen dafür gedacht, dass das Webinar von einem oder ein paar wenigen Sprechern abgehalten wird. Sie eignen sich ideal für Town Hall Meetings, Quartalsberichte, firmeninterne Verkündungen, Unterrichtsstunden und ähnliche Veranstaltungen mit 50 und mehr Teilnehmern. Webinare sind ein kostenpflichtiges Add On und für die Zoom Modelle Pro oder höher erwerblich.

Eine Sonderrolle, die es nur in einem Webinar gibt, ist der sogenannte Panelist. Panelists sind vollwertige Teilnehmer, die jedoch mit einigen Sonderrechten ausgestattet sind. Zu diesen Sonderrechten gegenüber den anderen Teilnehmern zählen beispielsweise die Erlaubnis, die Teilnehmerliste einzusehen oder ein Video zu teilen. Als Host haben Sie die Möglichkeit, bereits vor einem Webinar oder während der laufenden Veranstaltung eine Panelist zu ernennen.

Ein Funktionsvergleich zwischen einem Meeting und einem Webinar ist in der folgenden Tabelle ersichtlich:

Funktion	Meeting	Webinar
Rollen	• Host • Co Host • Teilnehmer	• Host • Co Host • Panelist • Zuhörer
Audio Funktionen	• Alle Teilnehmer können die Audio Funktion aktivieren / deaktivieren (stumm schalten) • Host kann Teilnehmer stumm schalten • Host kann initial alle Teilnehmer stumm schalten	• Host und Panelist können ihre eigene Audio Funktion aktivieren / deaktivieren (stumm schalten) • Teilnehmer befinden sich im Zuhörer Modus • Host kann für einen oder mehrere Teilnehmer die Stumm- schaltung aufheben
Video teilen	Alle Teilnehmer	Host und Panelist
Bildschirm teilen	Ja	Ja
Kapazität	Bis zu 100 Teilnehmer (Basis Version), bis zu 1.000 Teilnehmer abhängig vom Modell	Zwischen 100 bis 10.000 Teilnehmern (abhängig von der Lizenz)

Funktion	**Meeting**	**Webinar**
Teilnehmerliste	Einsehbar für alle	Nur für Host und Panelist einsehbar
Erinnerungs E-Mail	N/A	Ja, falls aktiviert
Chat	In-Meeting Chat	Webinar Chat
Meeting Reaktionen	Ja	N/A
Nichtverbales Feedback	Ja	Nur gehobene Hand
Fragen und Antworten	N/A	Ja
Datei Transfer	Ja	N/A
White Board	Ja	Ja
Anmerkungen	Ja	Ja
Umfragen	Umfragen für Meetings	Umfragen für Webinare
Live Streams	Facebook, Workplace by Facebook, YouTube, spezifische Streaming Anbieter	Facebook, Workplace by Facebook, YouTube, spezifische Streaming Anbieter
Anmeldung	Anmeldung für Meetings	Anmeldung für Webinare
Aufnahme	Ja	Ja

Funktion	Meeting	Webinar
Break Out Rooms	Ja	N/A
Praxis Sessions	N/A	Ja
Warteraum	Ja	N/A
PayPal Integration	N/A	Ja
Beitritts Passwort	Ja	Ja
Internationale Einwahl	Ja	Ja

4. System- und Hardwareanforderungen

Um eine reibungslose Funktionalität zu gewährleisten, sind bestimmte System- und Hardwareanforderungen erforderlich. In erster Linie ist eine stabile Internetverbindung die Grundvoraussetzung für eine erfolgreiche Online Konferenz. Dabei spielt es keine Rolle, ob die Internetverbindung kabellos oder kabelgebunden aufgebaut wird. Bei einer kabellosen Verbindung via WLAN sind mindestens 3G oder eine LTE Verbindung ratsam, damit die Software problemlos und stabil auf Ihrem Endgerät läuft.

Neben der Internetverbindung werden einige Hardware Komponenten benötigt. Hierzu zählen ein Lautsprecher, ein Mikrofon und optional eine Webcam. Als Alternative zu einer Webcam ist die Nutzung einer HD fähigen Kamera oder eines HD fähigen Camcorders mit einer Videoaufnahmekarte möglich.

Die Komponenten können als eingebaute Varianten, kabellos über Bluetooth oder über ein USB-Plug-in genutzt werden. Informieren Sie sich auf der Zoom Internetseite, welche Geräte und Modelle für die Nutzung der Software geeignet sind. In der Rubrik *Zoom recommended Hardware* sind viele Hardwarekomponenten gelistet, die Zoom als kompatibel eingestuft hat.

Nachfolgend wird im Detail auf die unterstützten Betriebssysteme, unterstützten mobilen Endgeräte,

Zoom fähigen Browser und auf die empfohlene Bandbreite für eine optimale Übertragung eingegangen.

Unterstützte Betriebssysteme

Folgende Betriebssysteme werden aktuell von Zoom unterstützt. Auf der Homepage von Zoom finden Sie im Abschnitt *Systemanforderungen für Windows, macOS und Linux* stets alle aktuellen Systeme:

- Windows 7, 8, 8.1 und 10
  (Windows 10 Home, Pro oder Enterprise - der S-Modus wird nicht unterstützt)
- Ubuntu 12.04 oder höher
- Red Hat Enterprise Linux 6.4 oder höher
- Oracle Linux 6.4 oder höher
- Mint 17.1 oder höher
- Fedora 21 oder höher
- OpenSUSE 13.2 oder höher
- CentOS 6.4 oder höher
- ArchLinux (nur 64-bit Version)

Unterstützte Mobilgeräte und Tablets

Zoom funktioniert auf allen gängigen iOS- und Android Systemen. Ebenfalls läuft die Software problemlos auf Blackberry-Geräten. Für Tablets mit einer Windows 10 Version ist zu beachten, dass nur die Versionen Windows 10 Home, Pro oder Enterprise unterstützt werden, nicht jedoch der S-Modus. Das Surface PRO 2 oder neuer läuft mit einer Windows Version Windows 8.1 oder neuer.

Unterstützte Browser

ZOOM unterstützt die gängigen Browser für Windows, Linux und iOS Geräte.

Hier sehen Sie eine Übersicht, welche Browser für welches Betriebssystem unterstützt werden:

- Windows: Chrome 30+, Firefox 27+, IE 11+, Edge 12+
- iOS / Mac: Chrome 30+, Firefox 27+, Safari 7+
- Linux: Chrome 30+, Firefox 27+

Beachten Sie, dass einige Funktionen im Web-Client bei der InternetExplorer Nutzung nicht unterstützt werden.

Prozessor und RAM Anforderungen

Als Minimalanforderung an einen Prozessor wird ein Single Core 1 Ghz (oder höher) empfohlen, besser ist jedoch ein Dual Core 2 Ghz (oder höher). Bei den Mindestanforderungen für RAM werden vier Gigabyte angegeben. Falls Sie einen Linux Rechner nutzen, benötigen Sie einen Prozessor oder alternativ eine Grafikkarte, die die offene Grafikbibliothek *OpenGL 2.0* oder eine höhere Version unterstützt.

Bei einem Laptop mit einem Doppel- oder einem Einzelkernprozessor kann sich die Bildfrequenz bei einer Bildschirmfreigabe verringern. Damit bei der Freigabe eine optimale Leistung erzeugt wird, sollte ein Prozessor mit mindestens vier Kernen verwendet werden.

Anforderung an die Bandbreite

Zoom passt die Bandbreite automatisch an die Nutzung der kabelgebundenen, WLAN- oder 3G Umgebung an. Folgend ist die empfohlene Bandbreite für Teilnehmer in Meetings aufgelistet:

Videoanrufe mit zwei Teilnehmern:

Bei einem Videoanruf mit zwei Teilnehmern werden 600 KBit/s für hochwertige Videos empfohlen. Für den Upload und Download für HD Videos (720p) ist die empfohlene Rate 1,2 MBit/s, für 1080p HD-Video sind 1,8 MBit/s erforderlich.

Gruppen-Videoanrufe:

Für hochwertige Videos sind mindestens 600 KBit/s empfohlen, zur Nutzung der Galerieansicht oder für den Up- und Download von einem 720p HD-Video sind 1,5 MBit/s erforderlich. Bei 1080p HD-Video werden bereits 2,5 MBit/s für das Empfangen und 3,0 MBit/s für das Senden benötigt.

Sollten Sie nur eine Bildschirmfreigabe ohne Video-Thumbnails planen, genügen 50–75 KBit/s. Bei einer Freigabe mit Video Thumbnails sollten Sie eine Bandbreite bis 150 KBit/s nutzen.

Für reine Audio VoIP genügen 60–80 KBit/s.

5. Erste Schritte mit Zoom

Download und Installation von Zoom

Um Zoom nutzen zu können, ist eine Registrierung und die Installation der Software notwendig. Wie viele andere Programme für Chats und Videokonferenzen bietet auch Zoom unterschiedliche Modelle an. Es gibt eine kostenlose Version sowie verschiedene Bezahlmodelle. Bei der Registrierung entscheiden Sie, welche Variante Sie nutzen möchten. Wenn Sie Zoom bisher noch nicht kennen, ist die kostenlose Version die beste Möglichkeit, das Programm in Ruhe zu testen.

Die Zoom Client Installation ist erforderlich, um an Meetings teilzunehmen. Wenn Sie das erste Mal an einem Meeting teilnehmen, wird das Programm automatisch heruntergeladen. Da der Installationsprozess jedoch einige Augenblicke in Anspruch nimmt, ist es ratsam, die Software bereits im Vorfeld zu installieren. So können Sie sich in Ruhe auf das bevorstehende Meeting vorbereiten und konzentrieren.

Die Software steht im Download-Center auf der Zoom Homepage zum Herunterladen zur Verfügung. Hierfür müssen Sie den blauen Download-Button anklicken.

Abb.: Zoom Download Center

Das Programm wird nun heruntergeladen und in der Regel im Download Ordner auf Ihrem Computer gespeichert. In einigen Fällen kann es vorkommen, dass Sie dazu aufgefordert werden, manuell einen Speicherplatz anzugeben. Nachdem die Installationsdatei, die an der Endung .exe erkennbar ist, erfolgreich heruntergeladen wurde, starten Sie den Installationsprozess durch Doppelklick auf die Datei. Der Installationsprozess ist intuitiv und wird Schritt-für-Schritt erklärt.

Alternativ können Sie sich in der Desktop-Variante von Zoom anmelden. Klicken Sie hierfür auf den Button *Kostenlos registrieren* auf der Startseite der Zoom Homepage. Nach Anklicken des Buttons werden Sie als erstes aufgefordert, Ihr Geburtsdatum einzugeben. Im folgenden Schritt wird nach Ihrer (Arbeits)-E-Mail Adresse gefragt. Als Alternative ist eine Anmeldung mit einem Google Konto, Facebook Account oder über SSO (Single Sign-on) möglich. Bei Anmeldung mit dem Google oder Facebook Account werden die dort hinterlegten Daten für den Zoom Account genutzt. Im Anschluss werden Sie auf die Startseite von Ihrem neuen Zoom Account geleitet und können direkt loslegen.

Die Software funktioniert auch auf einem mobilen Endgerät. Hierfür müssen Sie die entsprechende App heruntergeladen. Diese ist kostenfrei für Apple-Geräte im App Store und für Android-Geräte im Play Store verfügbar.

Die verschiedenen Zoom Rollen

Zoom unterscheidet prinzipiell zwischen den Rollen des Inhabers (Owner), eines Mitglieds (Member) und des Administrators.

Der Owner des Zoom Accounts verfügt über die vollständigen Rechte und hat Zugriff auf alle Bereiche.

Ähnliche Rechte wie der Owner hat der Administrator. Allerdings kann der Administrator durch den Owner bestimmt werden. Als Zoom Administrator sind Sie vor allem für eine korrekte Funktionsweise im Hintergrund der Hosts und Teilnehmer verantwortlich. Sie richten die Accounts ein, weisen verschiedene Rollen zu und managen sozusagen das komplette Set Up. Eine typische Aufgabe für einen Administrator ist das Aufsetzen des Rollenmanagements.

Und zuletzt sind da noch die eigentlichen Mitglieder, die Nutzer. Als Benutzer stehen Ihnen die Grundfunktionen zur Verfügung. In den allermeisten Fällen haben Sie keine weiterreichenden Berechtigungen zum managen übergeordneter Funktionen.

Profil einrichten und aktualisieren

Sie haben jederzeit die Möglichkeit, Ihr Profil zu aktualisieren. Dafür navigieren Sie im linken Menü im Zoom Portal zum Eintrag *Profil* oder rufen dieses durch Klick auf das Profilbild auf.

Abb.: Menüleiste – Profil

In diesem Bereich können Sie Ihr Profilbild bearbeiten oder Löschen und Angaben zu Ihrer Person wie etwa der Abteilung oder die Stellenbezeichnung und den Namen des Unternehmens hinterlegen. Ausserdem sehen Sie in diesem Bereich Ihre persönliche Meetings-ID, die Anmelde-E-Mail Adresse, den Benutzertyp, die Kapazität sowie Einstellungen der Sprache und der Zeitzone.

Audio Einstellungen vornehmen

Es ist empfehlenswert, die Audioeinstellungen vor Beitritt zu einem Meeting zu testen. Klicken Sie zum Test Ihres Lautsprechers und Mikrofons auf *Lautsprecher und Mikrofon testen*. Achten Sie darauf, dass das Häkchen bei der Einstellung *Automatischer Beitritt mit Computer-Audio* nicht gesetzt ist. Wenn Sie auf den Button *Lautsprecher testen* klicken, ertönt ein Testton. Wenn Sie keinen Ton hören sollten, überprüfen Sie, ob Sie die Lautstärke auf ganz leise gestellt haben oder wählen Sie, falls vorhanden, einen anderen Lautsprecher aus der Menüleiste aus.

Nachdem die Lautsprecher passend eingestellt sind, muss noch die Einstellung für das Mikrophon überprüft werden. Im Bereich für das Mikrofon bewegt sich der grüne Eingangspegel, sobald Zoom einen Ton erkennt. Klicken Sie auf *Mikrofon testen* und sprechen Sie etwas, um zu sehen, ob das Mikrophon funktioniert. Ihr Test Audio wird aufgenommen. Um die Aufnahme abzuspielen, drücken Sie auf *Aufzeichnung*. Stellen Sie über den Eingangspegel die Lautstärke ein oder wählen Sie, wenn vorhanden, ein anderes Mikrofon aus. Über die Einstellung *Mikrofoneinstellungen automatisch anpassen* wird die Eingangslautstärke automatisch durch Zoom angepasst.

Sollten Probleme bei der Erkennung des Mikrofons auftreten, überprüfen Sie Ihre Berechtigungen im Betriebssystem des Rechners und stellen Sie sicher, dass Zoom auf das Mikrofon zugreifen darf.

Für den Fall, dass Sie eine Konferenz mit Musik durchführen wie etwa eine Unterrichtsstunde einer Musikschule, sind einige spezielle Anpassungen notwendig. Diese führen Sie ebenfalls in den Audioeinstellungen durch. Wichtig ist hier, dass das Häkchen bei *Lautstärke automatisch einstellen* nicht gesetzt ist. Im nächsten Schritt wählen Sie die erweiterten Optionen aus. Dort deaktivieren Sie die Einstellung, dass durchgängige und sporadische Hintergrundgeräusche unterdrückt werden und setzen ein Häkchen, dass die Hallunterdrückung auf automatisch gestellt ist. Diese Einstellungen bewirken, dass die Musik richtig wiedergegeben wird und die Software nicht ständig versucht, die Wiedergabe auf Ihre Stimme anzupassen. Zusätzlich wird verhindert, dass die Sprachwiedergabe nicht ständig lauter und leiser wird, sollte sich der Sprecher frei im Raum bewegen. Gerade bei einer Tanzsession kann diese Einstellung sehr hilfreich sein. Sie funktioniert jedoch nur bei der Desktop Variante und nicht bei mobilen Apps.

Kamera Einstellung überprüfen

Bevor Sie einem Meeting beitreten, ist es sinnvoll, Ihre Kameraeinstellung zu prüfen. Melden Sie sich hierfür in Ihrem Zoom Client an. Danach klicken Sie auf Einstellungen, dort navigieren Sie zur Registerkarte *Video*. Es wird eine Vorschau mit Ihrer Kamera gestartet und Sie können testen, ob Sie diese verwenden möchten oder lieber eine andere Kamera für das

Meeting auswählen, sofern ein weiteres Gerät vorhanden ist. Achten Sie darauf, dass die Kamera so ausgerichtet ist, dass kein Gegenlicht blendet oder in einer ungünstigen Position angebracht ist. Es wäre weniger vorteilhaft, wenn Sie nur zur Hälfte sichtbar wären oder statt Ihrem Gesicht eine andere Körperpartie wie etwa die Schulterpartie fokussiert wird.

Verschiedene Rollen in einem Meeting

Bei einem Meeting gibt es verschiedene Rollen. Zum einen der Host, der das Meeting leitet. Zusätzlich können ein oder mehrere Co-Hosts und ein alternativer Host benannt werden. Diese Rollen sind jedoch optional und nicht zwingend erforderlich. Und als wesentlicher Bestandteil eines Meetings sind da natürlich noch die Teilnehmer.

Die zentrale Rolle übernimmt der Host. In der Host Rolle, also der Rolle des Gastgebers, haben Sie zahlreiche Möglichkeiten das Meeting zu steuern und die Teilnehmer zu managen. Sie können beispielsweise eine Aufnahme starten und beenden, Teilnehmer gleich zu Beginn eines Meetings stumm schalten und vieles mehr. Indem Sie einen Co-Host benennen, teilen Sie sich diese Aufgaben. Bei der Benennung eines Co Hosts gibt es keine Begrenzung. Sie können auch mehreren Personen diese Rolle zuweisen. Zu folgenden Funktionen hat jedoch nur der eigentliche Host eine Berechtigung:

- Das Meeting eröffnen
- Live-Streaming starten

- Das Meeting für alle Teilnehmer beenden
- Einen weiteren Teilnehmer als Co-Host benennen
- Einen Breaktout Room eröffnen
- Teilnehmer von einem Breaktout Room in einen anderen verschieben
- Einen Warteraum eröffnen

Da ein Co-Host das eigentliche Meeting nicht eröffnen kann, ist es ratsam, einen alternativen Host zu benennen für den Fall, dass der eigentliche Host sich verspätet oder verhindert ist.

Als Teilnehmer stehen Ihnen weniger Rechte zu als einem Host. Dennoch haben Sie Zugriff auf die wichtigsten Funktionen und können diese auch steuern. Hierzu zählt in erster Linie das aktivieren und deaktivieren der Mikrofon Stummschaltung. Vorausgesetzt, der Host hat diese Möglichkeit nicht unterbunden, in dem er von vorneherein alle Teilnehmer auf stumm geschalten hat. Als Teilnehmer können Sie eigene Videos starten und anhalten, sich die Teilnehmerliste anzeigen lassen, den Bildschirm freigeben, die Fernsteuerung anfordern und auch wieder übergeben. Ausserdem können Sie mit den anderen Teilnehmern und natürlich auch mit dem Host chatten. Als weitere Funktionen können Sie die Reaktions-Emojis nutzen und bei einer Umfrage Ihre Antwort abgeben.

Zoom als App

Was, falls Sie auf dem Sprung sind und sich kurz mit jemandem abstimmen möchten? Oder Sie unterwegs sind, sich aber unbedingt zu einer Konferenz einwählen möchten? Dann ist die Zoom App die passende Lösung für Sie. Wählen Sie die App im Appstore oder Playstore aus und laden Sie die Anwendung herunter.

Die Nutzung für iOS Geräte

Zoom Nutzer mit einem iOS Gerät haben die Möglichkeit, mit der Zoom Cloud Meeting App an Meetings teilzunehmen, zu chatten und ihr Kontaktverzeichnis einsehen. Nachdem Sie die App installiert haben, können Sie diese öffnen und sich auf Ihrem Konto anmelden. Wenn Sie ohne Anmeldung an einem Meeting teilnehmen möchten, klicken Sie auf das Zahnrad Symbol. So können Sie auf die Grundeinstellungen des Meetings zugreifen und ohne Anmeldung daran teilnehmen.

Folgende Funktionen stehen Ihnen in der App zur Verfügung:

Abb.: Funktionen in der App Version

<u>Treffen und Chatten</u> (Meet & Chat): Hier können Sie sich mit anderen Kollegen, Freunden oder der Familie treffen und sich über Chat austauschen.

Telefon (Phone): Mit der Telefonfunktion können Sie über die Zoom App Anrufe tätigen.

Meetings: Über das Meeting Symbol können Sie Meetings beitreten oder selbst Meetings initiieren.

Kontakte (Contacts): Dient zum Verwalten der Kontakte.

Mit der Chat Funktion haben Sie die Möglichkeit, ein neues Meeting zu starten. Sie können sowohl ein einmaliges oder wiederkehrendes Meeting planen und Sie können den Bildschirm teilen. Zusätzliche Chat Symbole sind das Plus- und das Sternzeichen. Über das Pluszeichen starten Sie mit einem Kontakt einen Chat unter Vier Augen. Mit dem Sternsymbol lassen sich Chats von Kontakten aufrufen, die entsprechend gekennzeichnet sind. Der Stern zeigt wichtige oder häufig genutzte Kontakte an. Sie können das Sternsymbol über die Kontakte zuweisen, in dem Sie neben dem entsprechenden Eintrag auf das Symbol klicken.

Um über die Zoom App einen Anruf zu tätigen, können Sie wahlweise die Nummer über das Tastaturfeld eingeben oder die Nummer aus der Kontaktliste heraus anrufen. Über die Registerkarte *Liste* sehen Sie Ihren Telefonverlauf der getätigten, angenommenen und verpassten Anrufe.

Über das Meeting Symbol starten Sie ein *Sofort* Meeting oder ein bereits geplantes Meeting. Einladungen an die Teilnehmer können Sie per Textnachricht, per

E-Mail oder durch Kopieren der Einladungsdaten in Ihren Kalender versenden. Um das geplante Meeting zu starten oder zu bearbeiten, reicht es, es anzutippen.

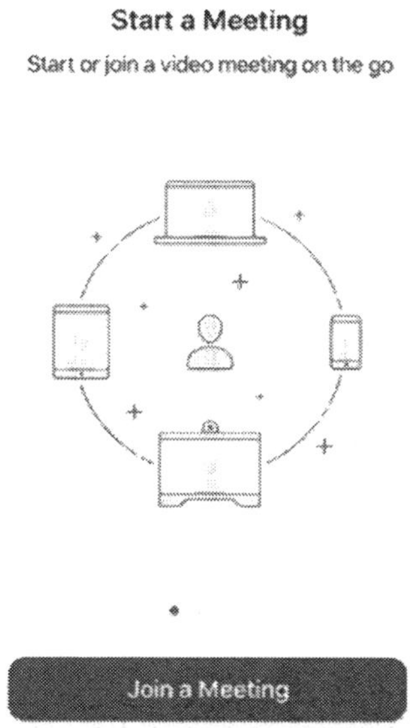

Abb.: Meeting Startbildschirm in der iOS App

Über die Einstellungen können Sie Ihr Mikrofon, den Lautsprecher oder das Video aktivieren und deaktivieren.

Beachten Sie, dass der Zoom Mobile Client Sie eventuell auffordert, den Zugriff auf einige Funktionen zu gestatten. Sie können auf ihrem iPhone unter dem Menüpunkt *Einstellungen* den Eintrag Zoom auswählen und dort die Zugriffsberechtigungen auf die verschiedenen Funktionen direkt erlauben oder ablehnen. Mögliche Optionen, auf die Zoom zugreifen möchte, sind der Standort, Kontakte, Fotos, Kamera, Mikrofon und Siri. Ebenfalls können Sie hier einstellen, ob Zoom Ihnen Benachrichtigungen zukommen lassen darf, sobald ein Meeting ansteht oder eine Chat Nachricht eingeht und ob die App Aktualisierung im Hintergrund erlaubt wird oder nicht.

Die Nutzung für Android Geräte

Um die App nutzen zu können, öffnen Sie diese und melden Sie sich in Ihrem Konto an.

Abb.: Die Android App

Über das Zahnrad Symbol haben Sie Zugriff auf die Grundeinstellungen, falls Sie ohne Anmeldung an einem Meeting teilnehmen möchten.

Folgende weitere Optionen stehen Ihnen zur Verfügung:

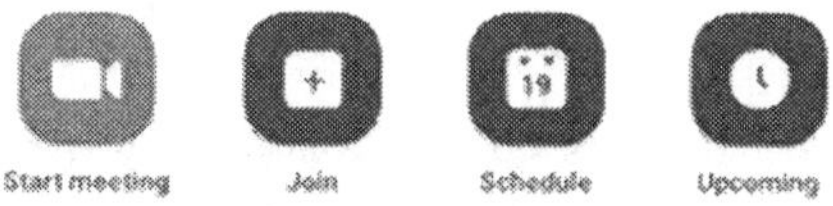

Abb.: Grundeinstellungen der Android App

Ein Meeting starten (Start meeting): Starten Sie mit Ihrer PMI oder alternativ mit einer neuen Meeting ID ein Sofort Meeting.

Teilnehmen (Join): Mit einer Meeting IT können Sie an einem Meeting teilnehmen.

Planen (Schedule): Planen Sie hierüber ein einmaliges oder wiederkehrendes Meeting.

Kommende Meetings (Upcoming): Hier sehen Sie geplante Zoom Meetings, die Sie starten oder bearbeiten können.

Indem Sie auf Ihren persönlichen Namen klicken, können Sie einen Chat starten. Wie in der iOS Version steht Ihnen im Chat das Plus- und das Sternsymbol zur Verfügung. Mit dem Plussymbol starten Sie auch in der Android Variante ein Vier Augen Chat, das Stern Symbol zeigt Ihnen als wichtig markierte Kontakte an.

Über die Einstellungen können Sie festlegen, ob und wann Zoom Ihnen Benachrichtigungen senden darf, Sie können die Einstellungen für Ihr Mikrofon, Lautsprecher und Video ändern oder bei Bedarf Ihre Profildaten aktualisieren.

Beachten Sie, dass die Telefonfunktion nur sichtbar ist, wenn Sie ein Zoom Phone Abo besitzen.

6. Teilnahme an einem Meeting

Einem Meeting beitreten

Eine Teilnahme an einer Zoom Konferenz ist auch ohne Registrierung möglich. Sie müssen einzig das Programm oder die App installieren. Danach können Sie, sofern es sich nicht um ein vom Veranstalter kostenpflichtiges Meeting handelt, kostenfrei teilnehmen. Damit Sie sich einwählen können, benötigen Sie einen Link oder eine Meeting-ID. Diese wird vom Initiator der Konferenz versendet. Nachdem Sie den Link aufgerufen haben, öffnet sich ein kleines Fenster. Dort bestätigen Sie, dass Sie Zoom Meetings öffnen möchten. Wenn Sie anstellen von einem Link eine Meeting-ID erhalten haben, öffnen Sie die Zoom Startseite und klicken dort *Einem Meeting beitreten* an. Auch hier öffnet sich wieder ein kleines Fenster, in dem Sie aufgefordert werden, Ihre ID einzugeben und diese durch Klick auf *Beitreten* bestätigen.

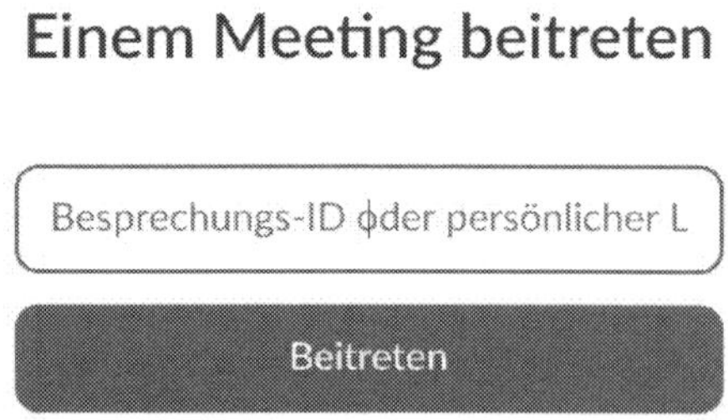

Abb.: Zoom Meeting Beitrittsfenster

Sollte es das erste Zoom Meeting sein, an dem Sie teilnehmen, müssen Sie Ihren Namen eingeben. Diesen können Sie im Browser abspeichern, dann ist er für folgende Meetings hinterlegt und Sie sparen sich eine erneute Eingabe. Im Anschluss wird das Meeting in einem separaten Fenster geöffnet.

Was ist bei einem Meeting zu beachten?

Wie im echten Leben gibt es auch bei einem virtuellen Zusammenkommen einige Regeln, die es zu beachten gilt. Sozusagen die Online Knigge Regeln für virtuelle Konferenzen. Gleich zu Beginn eines Meetings steht die Pünktlichkeit an oberster Stelle. Gerade als Host sollten Sie eher ein paar Minuten früher parat sein. Wenn kurz vor dem Beginn des Meetings die Verbindung nicht funktioniert oder eventuell ein Lautsprecher aussetzt, ist es nicht schlecht, etwas Luft zu haben.

Sollten Sie sich dennoch als Host verspäten, entschuldigen Sie sich und beginnen danach souverän mit dem Meeting. Als verspäteter Teilnehmer wählen Sie sich ein, ohne unnötig zu stören. Bedenken Sie - auch in einen richtigen Meetingsraum würden Sie nicht lautstark hereinplatzen, wenn die Veranstaltung bereits begonnen hat.

Für das Mikrofon empfiehlt es sich, dieses initial auf stumm zu schalten, wenn Sie nicht gerade selbst sprechen. So werden unnötige Hintergrundgeräusche minimiert, die die Besprechung stören könnten. Als

Veranstalter eine Konferenz haben Sie die Möglichkeit, alle Teilnehmer auf stumm zu schalten.

Achten Sie darauf, welche Einstellungen als Standard bei Ihnen für die Kamera und das Mikrofon gesetzt sind. Wenn Sie möchten, dass Sie von den anderen Teilnehmern gesehen werden, sollten Sie die Kamera eingeschaltet haben. Bedenken Sie bei einer aktiven Kamera, dass nicht nur Sie, sondern auch der Hintergrund von Ihrem Platz zu sehen ist. Falls Sie dies nicht möchten, nutzen Sie einen virtuellen Hintergrund. Ansonsten gilt die Regel, dass im Hintergrund möglichst wenige Gegenstände zu sehen sein sollten. Im Idealfall nur eine Wand.

Sollten Sie als Host Ihr erstes Meeting durchführen, kann es nicht schaden, vorab einmal zu üben. Testen Sie, ob alle Einstellungen so sind, wie Sie es möchten und nicht etwa das Mikrofon zu laut oder leise oder die Kamera in einem ungünstigen Blickwinkel eingestellt ist. Überlegen Sie auch im Vorfeld, wie Sie sich verhalten, sollte es technische Probleme geben oder was passiert, wenn ein Teilnehmer die Sitzung stört. Wichtig ist in jedem Fall, dass Sie sich nicht aus der Ruhe bringen lassen und nach dem Vorfall souverän fortfahren.

7. Ein Meeting planen und durchführen

Um selbst ein Meeting aufzusetzen, müssen Sie sich auf Zoom bereits registriert haben. Auf der Startseite von Zoom finden Sie oben in der Menüleiste den Eintrag *Ein Meeting veranstalten*. Wenn Sie diesen anklicken, wird ein Pop-Up Fenster geöffnet, in denen Ihnen drei unterschiedliche Optionen zur Durchführung einer Online Konferenz angezeigt werden. Sie können zwischen *eingeschaltetem Video, ausgeschaltetem Video* oder *nur Bildschirmfreigabe* wählen.

Abb.: Ein Meeting veranstalten

Über den Eintrag links in der Menüleiste können Sie unter dem Bereich *Meetings* mit Hilfe des Buttons *Ein Meeting planen* Ihr eigenes Meeting im Detail planen. Ausserdem sehen Sie in diesem Bereich bevorstehende Meetings, vorige Meetings und Sie kommen zu Ihrem privaten Meetingraum und den Meetingvorlagen. Um ein Meeting zu planen, geben Sie einen Titel und optional eine kurze Beschreibung ein. Über die Kalenderfunktion wählen Sie den Tag und danach die Uhrzeit aus, wann das Meeting stattfinden soll. Legen Sie über den Eintrag *Dauer* die Länge der Besprechung fest. Generell gilt, dass ein Meeting maximal 24 Stunden dauern darf. Allerdings kann im Anschluss umgehend ein neues gestartet werden.

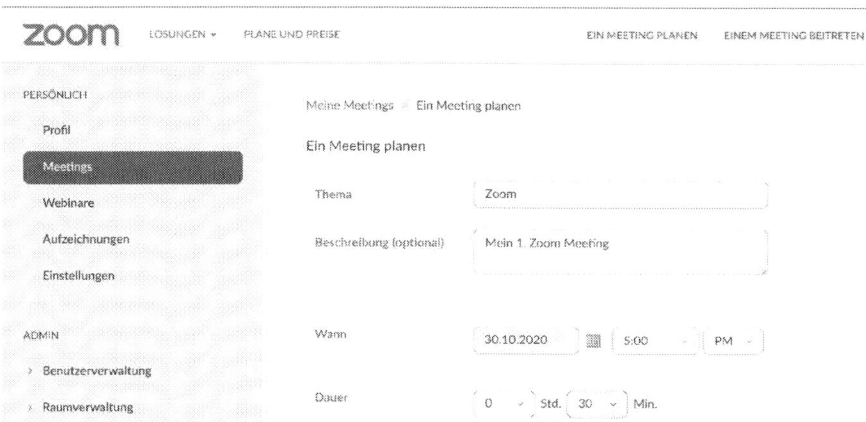

Abb.: Meeting Informationen festlegen

Sofern Sie nur die Basis Version nutzen, erscheint ein Hinweis, dass Ihnen ein Zeitlimit von 40 Minuten für Meetings mit anderen Teilnehmern zusteht.

Teilnehmer einladen

Eine Konferenz ist selbstverständlich nur dann sinnvoll, wenn andere daran teilnehmen können. Um Teilnehmer zu Ihrer Konferenz einzuladen, müssen Sie entweder den Teilnahme-Link oder die Einladung freigeben. Nachdem Sie das Meeting geplant haben, klicken Sie einfach auf *Einladung kopieren*. Wenn Sie die Teilnehmer per E-Mail einladen möchten, klicken Sie auf die Registerkarte *Einladen per E-Mail*. Dort wählen Sie den gewünschten E-Mail Anbieter aus. Es wird automatisch eine neue E-Mail mit den entsprechenden Informationen zum bevorstehenden Meeting erstellt. Sie müssen lediglich noch die gewünschten Empfänger hinzufügen und die Mail versenden. Diese können Sie auch direkt aus den Kontakten auswählen, wenn Sie diese bereits gepflegt haben. Hierzu klicken Sie auf die Registerkarte *Einladen über Kontakte*. Nun können Sie den gewünschten Kontakt entweder direkt als Empfänger hinzufügen oder die Adressaten über die Suchfunktion aus der Kontaktliste auswählen. Klicken Sie den gewünschten Eintrag an und es erscheint ein Häkchen neben dem Namen. Sie können auch mehrere Kontakte auf einmal selektieren. Klicken Sie im nächsten Schritt auf den Eintrag *Einladen* in der unteren linken Ecke, um die Kontakte zur Einladung hinzuzufügen.

Alternativ zu einer E-Mail können Sie die URL oder den Einladungstext kopieren, um die Sofort-Meeting-Informationen auf einem anderen Weg zu versenden. Wählen Sie in diesem Fall den Eintrag *Einfügen* oder alternativ eine Tastenkombination zum Kopieren, um die Informationen entweder per Chat oder mit Hilfe eines anderen Diensts zu übermitteln.

Wie viele Teilnehmer eingeladen werden können, ist abhängig davon, welche Zoom Version Sie nutzen. Im Basis Paket können Sie Konferenzen mit einem Teilnehmer in unbegrenzter Länge (innerhalb 24 Stunden) durchführen, ab 2 Teilnehmern ist das Meeting zeitlich auf 40 Minuten begrenz. Nach den 40 Minuten ist es möglich, direkt ein Anschlussmeeting durchzuführen. Ab der Pro Version bestehen keine zeitlichen Limits innerhalb der 24 Stunden und es können bis zu 100 Teilnehmer eingeladen werden. In der Business Variante sind bis zu 300 Teilnehmer möglich.

Wiederkehrende Meetings planen

Über eine Checkbox Funktion haben Sie die Möglichkeit, das Meeting als wiederkehrendes Meeting zu definieren. Diese Funktion erweist sich als praktisch, wenn die Veranstaltung regelmäßig stattfinden soll. Dadurch sparen Sie Zeit, indem sie die einzelnen Termine nicht separat planen und aufsetzen müssen. Sie können festlegen, ob eine Wiederholung täglich, wöchentlich, monatlich oder nach einer bestimmten Anzahl Tage erfolgen soll. Über das Enddatum legen Sie fest, wann die wiederkehrenden Meetings enden sollen. Das kann zu einem bestimmten Datum erfolgen oder nach einer festgelegten Anzahl von Wiederholungen.

Ein Meeting als Host durchführen

Bevor Sie das Meeting starten, ist es wichtig, dass Sie eine Agenda oder einen Plan für die Sitzung erstellen. Dies hilft Ihnen, strukturiert durch den Termin zu führen. Empfehlenswert ist es, alle Teilnehmer vor dem Beitritt in einem Warteraum zu versammeln und diese initial auf stumm zu schalten. So entsteht zu Beginn der Konferenz keine Unruhe.

Überlegen Sie sich am besten vor Beginn des Meetings, welche Rechte Ihre Teilnehmer erhalten sollen. Dürfen Sie den Bildschirm teilen? Oder selbst bestimmen, wann sie sich auf stumm stellen und wann nicht? Alle Einstellungen können Sie auch noch ändern, nachdem das Meeting bereits begonnen hat. Sobald alle Teilnehmer eingewählt sind, ist es ratsam, das Meeting zu sperren. Dadurch wird verhindert, dass keine ungebetenen Gäste eindringen und stören.

Weisen Sie Ihre Teilnehmer darauf hin, dass das Meeting aufgezeichnet wird. Vielleicht möchte einer der Teilnehmer dann lieber seine Videofunktion ausschalten und kann sich entsprechend einrichten. Sie können die Videoaufzeichnung jedoch auch so gestalten, dass nur Sie als Sprecher aufgezeichnet werden. Um zu verhindern, dass andere aufgenommen werden während sie sprechen, müssen Sie das Video anheften. Das funktioniert, indem Sie mit der Maus über Ihr Video fahren und den Pfeil nach unten drücken. Dadurch wird immer nur das Video von Ihnen aufgenommen, ganz gleich, wer gerade das Wort hat.

Als Host können Sie nicht nur das White Board, sondern auch andere Dokumente auf Ihrem Rechner freigeben. Das kann beispielsweise eine Power Point Präsentation oder ein Excel File sein. Alle Teilnehmer können diese Datei sehen, während Sie daran arbeiten. Durch die Freigabe-Option haben auch die Teilnehmer die Möglichkeit, Kommentare auf dem White Board zu verfassen. Allerdings steht Ihnen als Host ein Sonderrecht zu. Sie haben im Gegenzug zu den Teilnehmern die Möglichkeit, Zeichnungen und Kommentare der anderen wieder zu löschen.

Versuchen Sie als Host, die Zeit im Auge zu behalten. Wenn das Meeting auf eine halbe Stunde angesetzt ist, sollte es auch nur eine halbe Stunde dauern. Sollte es eine längere Konferenz geben, planen Sie zwischendurch kurze Pausen ein.

Nachdem das Meeting zu Ende ist, vergessen Sie nicht, sich von den Teilnehmern zu verabschieden.

Der Aufbau des Konferenzraums

Der Konferenzraum ist Ihr virtuelles Sitzungszimmer. Sie sehen hier alle Teilnehmer der Konferenz. Je nach Einstellungen werden auf dem Bildschirm die Teilnehmer in kachelförmigen kleinen Fenstern angezeigt. Sofern die Videofunktion bei den Teilnehmern aktiv ist, sehen Sie die Personen live, alternativ wird der Name oder das Profilbild angezeigt. Der Sprecher wird automatisch immer hervorgehoben. Am rechten Bildschirmrand haben Sie die Möglichkeit, sich die Teilnehmerliste anzeigen zu lassen und den Chat über einen Button zu aktivieren. Im unteren Bereich des Bildschirms sehen Sie eine Leiste mit den verschiedenen Einstellungsmöglichkeiten, die Ihnen während der Konferenz zur Verfügung stehen. Je nach Berechtigung und Einstellung kann die Darstellung der Symbolleiste variieren.

Abb.: Symbolleiste während eines Meetings

- <u>Audioeinstellung:</u> Diese ermöglicht das Ein- und Ausschalten des Mikrofons.
- <u>Videofunktion:</u> Ermöglicht das Ein- und Ausschalten der Webcam Funktion während des Meetings.
- <u>Sicherheit:</u> Erlaubt dem Host, das Meeting sicherer zu gestalten und beispielsweise Unterbrechungen zu minimieren.
- <u>Teilnehmer verwalten:</u> Zeigt eine Übersicht der Teilnehmer an und ermöglicht, je nach Status (Host, Teilnehmer), verschiedene Zuweisungen zu erteilen.
- <u>Chat:</u> Öffnet das Chatfenster. Sind ungelesene Chat Nachrichten vorhanden, wird das Symbol orange gefärbt.
- <u>Bildschirm freigeben:</u> Ermöglicht das Teilen des eigenen Bildschirms mit den anderen Meetings Teilnehmern.
- <u>Aufzeichnen:</u> Dient zum Aufzeichnen des Meetings.

- Breakout Session: Erlaubt das Aufteilen der Teilnehmer in kleinere Gruppen.
- Reaktionen: Darstellung von Reaktionen mit Hilfe eines Emoji Symbols. Eine Reaktion verschwindet nach fünf Sekunden.
- Meeting beenden: Beendet das Meeting.

Erstellen einer Meeting Vorlage

Um eine Meeting Vorlage zu gestalten, speichern Sie ein bereits konfiguriertes Meeting mit den erforderlichen Angaben ab. Hierzu müssen Sie sich erst einmal in Ihrem Zoom Webportal anmelden. Klicken Sie dort im Menü auf den Bereich Meetings, danach auf den Bereich zum Planen eines neuen Meetings. Ändern Sie alle Einstellungen, die Sie für Ihre Vorlage anpassen möchten. Denken Sie daran, dass sämtliche Einstellungen, die Sie bei der Planung eines Meetings vorgenommen haben auch für die Vorlage übernommen werden. Sind die Einstellungen soweit angepasst, klicken Sie auf *Speichern*, dann auf *Als Meeting Vorlage speichern*. Zur besseren Zuordnung vergeben Sie einen sprechenden Namen oder Titel für die neu erstellte Vorlage.

Um die neue Vorlage zu nutzen und daraus ein Meeting zu erstellen, müssen Sie dem neuen Meeting noch ein paar ergänzende Daten hinzufügen. Aktualisieren Sie den Namen, und wenn Sie möchten auch die Beschreibung für das Meeting. Dann müssen Sie das Datum und die Uhrzeit an den neuen Termin anpassen. Es sei denn, sie haben bereits in der Vorlage ein Wiederholungsintervall angegeben, welches übernommen werden kann. Alle gespeicherten Vorlagen sehen Sie unter dem Reiter Meeting-Vorlagen. Insgesamt können Sie 40 verschiedene Meeting Vorlagen abspeichern.

Abb.: Eine Meeting Vorlage selektieren

Simultane Meetings veranstalten

Das Durchführen von simultanen Meetings ist nicht möglich. Sobald der Host versucht, zwei Meetings parallel durchzuführen, kann es zu Fehlermeldungen kommen. Die Teilnehmer erhalten eine Nachricht, dass der Host ein weiteres Meeting durchführt und dem aktuellen Meeting noch nicht beigetreten ist und sie aus diesem Grund ebenfalls nicht beitreten können. Der Host bekommt eine Aufforderung, das erste aktive Meeting zu beenden, um das zweite zu starten.

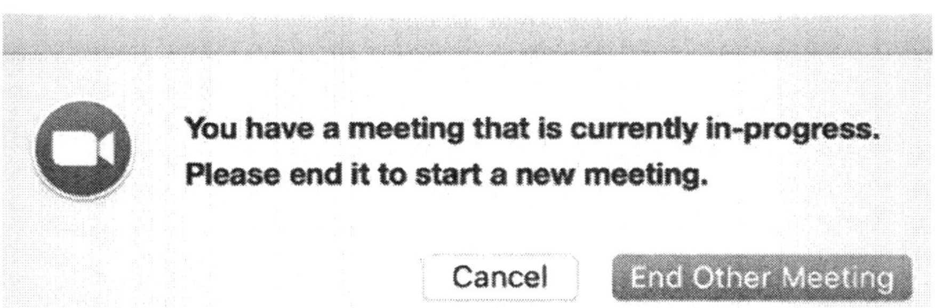

Abb.: Fehlermeldung bei simultanen Meetings

Die persönliche Meeting-ID (PMI) verwenden

Der persönliche Meetingraum ist ein ständig für Sie reserviertes, virtuelles Sitzungszimmer, auf welches Sie nur mit Ihrer persönlichen Meeting-ID (PMI) oder einem persönlichen Link zugreifen können. Mit Ihrer PMI haben Sie die Möglichkeit, Meetings zu planen oder sofort zu starten. Ideal eignet sich der persönliche Meetingsraum für regelmäßige Meetings mit den gleichen Personen, da der Raum immer mit der gleichen ID zu erreichen ist. Weniger geeignet ist er für Treffen mit Teilnehmern, die Sie nur sporadisch oder einmalig zu einem Meeting einladen oder für fortlaufende Sitzungen. Hat ein Teilnehmer den Link einmal von Ihnen erhalten, kann er jederzeit beitreten. Ausnahme ist auch hier eine von ihnen gesetzte Sperre oder die Warteraum Funktion. Dadurch steuern Sie aktiv, wer wann in den persönlichen Sitzungsraum eintreten darf.

In Ihrem Zoom Profil können Sie einrichten, dass Ihre PMI immer für Instant Meetings, also für Sofort Meetings genutzt wird.

Ein Meeting über das MS Outlook PlugIn planen

Ein Zoom Meeting lässt sich nicht nur über die Zoom App oder das Webportal planen, sondern ist auch über ein PlugIn bei Chrome, Outlook und Firefox möglich. Das PlugIn ist so gestaltet, dass sich die Planung eines neuen Meetings schnell und zweckmäßig in Microsoft Outlook oder einem anderen Mailanbieter durchführen lässt. Sie können entweder ein Sofort Meeing planen oder starten, aber auch bereits vorhandene Termine in ein Zoom Meeting umwandeln. Ab der Zoom Version 3.5 oder höher lassen sich über das PlugIn sogar arbeitsfreie und bereits geplante Arbeitszeiten anhand der Outlook Kalendereinträge synchronisieren und können so in Ihren Zoom Account übertragen werden.

Folgende Voraussetzungen für die Nutzung des Outlook PlugIns werden benötigt:

- Windows: MS Outlook 2010 oder neuer
  (2007 funktioniert ebenfalls, jedoch mit eingeschränkten Funktionen)
- Mac: MS Outlook 2011 oder neuer
- Ein installierter Zoom Client
  (Sie müssen in Ihrem Konto angemeldet sind)
- Das installierte Zoom Microsoft Outlook PlugIn von Zoom

Laden Sie die MSI Datei für das PlugIn aus dem Zoom Download Center herunter. Nach dem erfolgreichen Download führen Sie die Installation des PlugIns aus. Folgen Sie dem Installationsassistenten, um den Installationsprozess abzuschließen. Vor der ersten Nutzung ist es erforderlich, Outlook neu zu starten.

Da mehrere Versionen von Outlook die Optionen zum Starten eines sofortigen Meetings oder die Planung eines Meetings nicht unterstützen, prüfen Sie, ob diese in der Hauptmenüleiste angezeigt werden. Erstellen Sie in diesem Fall einen neuen Termin und prüfen Sie im Anschluss erneut, ob die Optionen nun in der Menüleiste vorhanden sind.

Ein Meeting über Outlook planen

Zum Planen eines Meetings aus Outlook wählen Sie die Schaltfläche *Ein Meeting planen* aus. Dabei können Sie folgende Einstellungen vornehmen:

- Video – Host: Das Video wird automatisch zu Beginn des Meetings gestartet, wenn Sie *an* auswählen. Wählen Sie *aus*, wird das Video nicht automatisch gestartet, sie können es aber zu einem späteren Zeitpunkt einschalten.
- Video – Teilnehmer: Das Video des Teilnehmers wird automatisch zu Beginn des Meetings gestartet, wenn Sie *an* auswählen. Wählen Sie *aus*, wird das Video des Teilnehmers nicht automatisch gestartet, sie können es aber zu einem späteren Zeitpunkt einschalten.

Abb.: Video Option für das geplante Meeting einstellen

- Audiooptionen: Wählen Sie diese Option, wenn sie VoIP, Nur VoIP, Nur Telefonie oder ein Audio von Dritten nutzen möchten. (Wenn Sie unsicher sind, wählen Sie *Beide* (*Both*) aus.)

Abb.: Audio Option für das geplante Meeting einstellen

- Meeting Passwort erforderlich (Require meeting password): Wenn Sie ein Passwort für Ihr Meeting vergeben möchten, können Sie es hier einrichten.
- Teilnahme vor Host aktivieren (Enable join before host): Markieren Sie diesen Eintrag, wenn Sie Ihren Teilnehmern erlauben, sich vor dem Host einzuwählen.
- Stummschalten der Teilnehmer vor Beitritt (Mute participants before entry): Markieren Sie diesen Eintrag, wenn Sie die Teilnehmer automatisch bei Beitritt des Meetings stumm schalten möchten.
- Persönliche Meeting ID nutzen (Use personal meeting ID): Markieren Sie diesen Eintrag, wenn Sie Ihre eigene Persönliche Meeting ID nutzen möchten. Wird die Checkbox nicht markiert, wird eine zufällig erstellte ID verwendet.
- Automatische Aufzeichnung des Meetings (Record the meeting automatically): Markieren Sie diesen Eintrag, wenn Sie Ihr Meeting automatisch aufzeichnen möchten. Geben Sie an, ob

das Meeting lokal auf Ihrem Computer oder über die Cloud aufgezeichnet werden soll.

- Alternative Hosts: Hier können Sie die E-Mail-Adressen von alternativen Hosts angeben. Beachten Sie, dass nur lizenzierte Nutzer ausgewählt werden können.

Über die Checkbox *Speichern und nicht erneut anzeigen* (*Save and do not show again*) können Sie festlegen, dass diese Einstellungen als Standard für zukünftige Meetings übernommen werden. Sofern Sie diese Checkbox aktiviert haben, wird das Fenster für die Einstellungen nicht automatisch angezeigt, wenn Sie ein Meeting planen. Für Änderungen müssen Sie es manuell öffnen.

Nachdem Sie die einzelnen Einstellungen für Ihr Meeting festgelegt haben, klicken Sie auf Weiter. Die Einladung wird automatisch mit den Meeting Informationen erstellt. An dieser Stelle können Sie das Meeting immer noch abbrechen oder die Einstellungen in der Einladung ändern. Ansonsten wird die Einladung für das soeben geplante Meeting erfolgreich an die gewünschten Teilnehmer verschickt.

Eine persönliche Audiokonferenz über Outlook planen

Um eine persönliche Audiokonferenz über Outlook zu planen, selektieren Sie den Eintrag *Ein Meeting planen* und klicken den Eintrag für die Audiokonferenz an. Sollten Sie mehrere Konten für Audiokonferenzen besitzen, wählen Sie die gewünschte aus.

Abb.: Persönliche Audio Konferenz planen

Nach der entsprechenden Auswahl wird automatisch eine Konferenz mit den Informationen erstellt. Passen Sie die Uhrzeit und das Datum an und fügen Sie nach Bedarf die gewünschten Teilnehmer hinzu. Dann nur noch den *Senden* Button anklicken und Ihre persönliche Audiokonferenz wurde erstellt.

Eine bestehende Einladung in ein Zoom Meeting wandeln

Um eine bereits bestehende Einladung in ein Zoom Meeting umzuwandeln, öffnen Sie Ihre Kalendereinladung in Outlook. Wählen Sie dann entweder *Persönliche Audiokonferenz* oder *ein Meeting planen* aus, um den Meeting Typ festzulegen.

Wenn Sie den Termin in ein Zoom Meeting ändern möchten, können Sie folgende Einstellungen vornehmen:

- <u>Video – Host:</u> Das Video wird automatisch zu Beginn des Meetings gestartet, wenn Sie *an* auswählen. Wählen Sie *aus*, wird das Video nicht automatisch gestartet, sie können es aber zu einem späteren Zeitpunkt einschalten.

- Video – Teilnehmer: Das Video des Teilnehmers wird automatisch zu Beginn des Meetings gestartet, wenn Sie *an* auswählen. Wählen Sie *aus*, wird das Video des Teilnehmers nicht automatisch gestartet, sie können es aber zu einem späteren Zeitpunkt einschalten.
- Audiooptionen: Wählen Sie diese Option, wenn sie VoIP, Nur VoIP, Nur Telefonie oder ein Audio von Dritten nutzen möchten. (Wenn Sie unsicher sind, wählen Sie *Beide* (*Both*) aus.)
- Meeting Passwort erforderlich (Require meeting password): Wenn Sie ein Passwort für Ihr Meeting vergeben möchten, können Sie es hier einrichten.
- Teilnahme vor Host aktivieren (Enable join before host): Markieren Sie diesen Eintrag, wenn Sie Ihren Teilnehmern erlauben, sich vor dem Host einzuwählen
- Stummschalten der Teilnehmer vor Beitritt (Mute participants before entry): Markieren Sie diesen Eintrag, wenn Sie die Teilnehmer automatisch bei Beitritt des Meetings stumm schalten möchten.
- Persönliche Meeting ID nutzen (Use personal meeting ID): Markieren Sie diesen Eintrag, wenn Sie Ihre eigene Persönliche Meeting ID nutzen möchten. Wird die Checkbox nicht markiert, wird eine zufällig erstellte ID verwendet.

- Automatische Aufzeichnung des Meetings (Record the meeting automatically): Markieren Sie diesen Eintrag, wenn Sie Ihr Meeting automatisch aufzeichnen möchten. Geben Sie an, ob es lokal auf Ihrem Computer oder über die Cloud aufgezeichnet werden soll.
- Alternative Hosts: Hier können Sie die E-Mail-Adressen von alternativen Hosts angeben. Beachten Sie, dass nur lizenzierte Nutzer ausgewählt werden können.

Nachdem Sie diese Einstellungen vorgenommen haben, klicken Sie auf *Weiter*. Die Informationen werden automatisch in die Einladung eingefügt. Durch Klick auf *Speichern* schließen Sie den Vorgang ab. Sie haben den bestehenden Termin erfolgreich in ein Zoom Meeting umgewandelt.

Einen Kalendereintrag in ein Zoom Meeting wandeln

Sie können einen Kalendereintrag aus Outlook in ein Zoom Meeting umwandeln. Öffnen Sie hierfür Ihren Outlook Kalender und wählen Sie das gewünschte Datum und die gewünschte Uhrzeit aus. Wählen Sie dann die Option *Neuer Termin*. Sie können nun den Meeting Typ (Zoom Meeting oder Audiokonferenz) auswählen. Wenn Sie ein Zoom Meeting erstellen möchten, geben Sie die entsprechenden Einstellungen ein und klicken auf *Weiter*. Die Informationen werden automatisch übernommen. Über *Speichern* schließen Sie den Vorgang ab. Sie haben die Outlook Einladung erfolgreich in ein Zoom Meeting umgewandelt.

Das PlugIn Symbol fehlt – was tun?

Wenn das PlugIn Symbol *Ein Meeting planen* in Ihrer Outlook Menüleiste fehlt, prüfen Sie Ihre Outlook Einstellungen. Öffnen Sie dafür den Bereich Outlook Optionen und wählen Sie *Deaktivierte Elemente*. Wählen Sie in diesem Bereich das Zoom Outlook PlugIn und die Com Add-ins aus. Markieren Sie dort das Feld für das Zoom Outlook PlugIn. Prüfen Sie erneut die Einträge in der Outlook Menüleiste. Das Symbol *Ein Meeting planen sollte* nun sichtbar sein.

8. Funktionen während eines Meetings

Interaktionen im Meeting

Sie haben unterschiedliche Möglichkeiten, während einem Meeting mit Ihren Teilnehmern zu interagieren. Die Interaktion während eines Meetings ist beispielsweise über den Chat möglich. Des Weiteren haben Teilnehmer die Möglichkeit, virtuell die Hand zu heben, falls Fragen vorhanden sind. Hinter dem Namen des Teilnehmers wird dann ein blaues Handsymbol sichtbar. Diese Funktion ist vor allem dann nützlich, wenn ausser dem Sprecher alle anderen Teilnehmer auf stumm geschaltet sind oder Sie den eigentlichen Redner nicht im Wort unterbrechen möchten. Sobald ein Teilnehmer die Hand hebt, wird sein Video in den Vordergrund gebracht. Auch bei mehreren Teilnehmern verlieren Sie so nicht den Überblick und sehen, wenn jemand eine Frage stellen möchte.

Eine Umfrage erstellen

Um eine Umfrage zu erstellen, werden Sie zur Homepage von Zoom weitergeleitet.

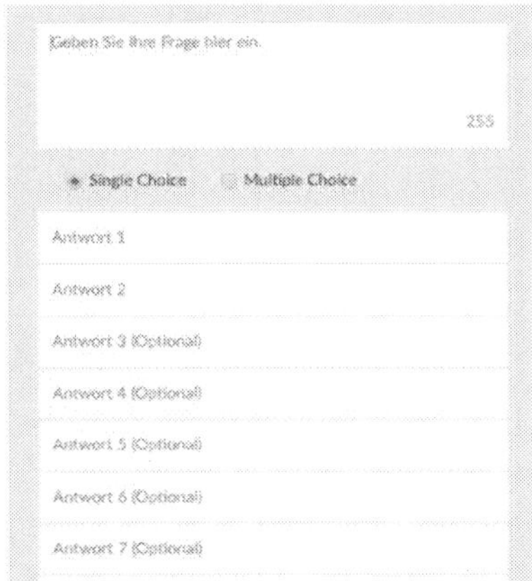

Abb.: Umfrage Option in einem Zoom Meeting

Dort können Sie in das Umfragefenster Ihre Frage eintragen und wählen, ob Sie eine Single Choice oder Multiple Choice Antwort zulassen möchten. Je nach Auswahl können die Teilnehmer nur eine oder mehrere Antworten abgeben. Über das Umfragefenster sehen Sie, wie viele Teilnehmer bereits an der Umfrage teilgenommen haben. Wenn Sie möchten, können Sie eine Umfrage jederzeit vorzeitig beenden. Vergessen Sie nicht, im Anschluss die Ergebnisse der Umfrage abzuspeichern.

Bildschirm teilen und freigeben

Eine sehr wichtige Funktion bei einem Meeting ist die Bildschirmfreigabe. Falls Sie nicht Ihren kompletten Bildschirm teilen möchten, haben Sie die Möglichkeit, nur eine bestimmte Anwendung für die anderen Teilnehmer sichtbar zu machen.

Beachten Sie, dass in der Zoom Basis Version die Grundeinstellung so gesetzt ist, dass nur der Host seinen Bildschirm teilen kann.

Die Bildschirmfreigabe lässt sich starten, indem Sie in der Menüleiste auf das entsprechende Freigabe Symbol klicken oder das Tastenkürzel Alt + S verwenden. Ist bereits eine Bildschirmfreigabe aktiv, können Sie mit dem Tastenkürzel Alt + Shift + S eine zusätzliche Bildschirmfreigabe nutzen. In einem separat geöffneten Fenster wählen Sie aus, welcher Teil für die Teilnehmer sichtbar sein soll.

Je nach Zoom Modell haben Sie unterschiedliche Möglichkeiten. In der Basis Version können Sie den kompletten Bildschirm, eine bestimmte Anwendung, das Whiteboard oder den Bildschirm von Ihrem iPhone / iPad teilen. In den Bezahlmodellen von Zoom stehen Ihnen weitere Optionen offen. Eine Funktion ermöglicht es, nur einen bestimmten Ausschnitt zu übertragen. Der gewählte Bereich wird mit einem grünen Rahmen gekennzeichnet. Wenn Sie möchten, können Sie auch Musik oder den Inhalt einer zweiten Kamera teilen. Das Teilen von Dokumenten ist über Services wie Google Drive oder Microsoft One Drive möglich. Alternativ haben Sie die Möglichkeit, die Dokumente auf dem Rechner zu öffnen und diese über die normale Bildschirmfreigabe mit den anderen Teilnehmern zu teilen.

Falls Sie zwei Monitore als Dual-Monitor nutzen, können Sie einen der beiden Monitore für die Bildschirmfreigabe nutzen und sich gleichzeitig auf dem zweiten die Teilnehmer anzeigen lassen.

Genauso wie bei der Whiteboard Nutzung können Sie auch bei einer aktiven Bildschirmfreigabe Kommentare hinterlassen. Dafür finden Sie in der Leiste oben im Fenster eine Funktion zum Kommentieren. Klicken Sie diese Funktion an und Sie können nun auf dem aktiven Bildschirm Anmerkungen, Kommentare und Ergänzungen notieren oder Zeichnungen hinzufügen. Mit der Schaltfläche *Spotlight* haben Sie eine Art virtuellen Laserpointer zum Hervorheben bestimmter Bereiche oder Einträge. Ebenso wie bei der White Board Funktion haben Sie auch hier die Möglichkeit, den Namen des Verfassers neben den Kommentaren zu platzieren. So können Sie später nachverfolgen, wer welchen Kommentar hinzugefügt hat.

Warteräume und Break Out Räume

Weitere Einstellungsmöglichkeiten bestehen darin, dass Sie einen Warteraum festlegen können, in dem die Teilnehmer warten, bis Sie von Ihnen zur Konferenz zugeschaltet werden. Standardmässig ist der Warteraum bei Zoom auf den Status aktiv gesetzt. Der Vorteil von einem Warteraum besteht für Sie als Host darin, dass Sie aktiv darüber bestimmen, wer wann am Meeting teilnehmen darf. So können Sie das Meeting zum einen vor ungewünschten Teilnehmern schützen und zum anderen je nach Bedarf einige Teilnehmer erst zu einem bestimmten Zeitpunkt hinzuholen.

Neben dem Warteraum haben Sie als Host die Möglichkeit, sogenannte Break Out Räume zu erstellen.

Vergleichbar sind diese virtuellen Räume mit Arbeitszimmern, in denen sich einzelne Gruppen zum Besprechen bestimmter Aufgaben oder Projekte treffen. Dadurch können Sie große Gruppen unterteilen und Teilnehmer haben die Chance, unabhängig von der laufenden Hauptsitzung miteinander zu sprechen und zu diskutieren. Die Zuordnung, welche Teilnehmer einem Break Out Room zugeteilt werden, übernimmt der Host.

Die White Board Funktion

Das White Board bei Zoom hat die gleiche Funktion wie in einem echten Besprechungszimmer. Es dient dazu, Notizen und Kommentare während einer Besprechung festzuhalten. Bei der virtuellen Version müssen Sie im ersten Schritt auf das Symbol zum Bildschirm teilen in der Menüleiste klicken. Danach wählen Sie die White Board Funktion aus.

Abb.: Button für die Whiteboard Nutzung

Klicken Sie auf den Button zum Teilen und sie sehen direkt die Werkzeuge, die Sie zur Nutzung des White

Boards benötigen. Über die Whiteboard Option können Sie sich die Werkzeugliste anzeigen lassen oder verbergen.

Abb.: Whiteboard Werkzeugleiste

Folgende Werkzeuge stehen Ihnen zur Verfügung:

Maus: Springt zur Maus Pointer Nutzung. Falls die Kommentarwerkzeuge deaktiviert sind, ist das Symbol blau gekennzeichnet.

Select (Auswahl): Nur nutzbar, wenn Sie den Bildschirm teilen oder das White Board nutzen. Damit können Sie Ihre Kommentare verschieben, auswählen oder die Größe verändern. Um mehrere Kommentare gleichzeitig auszuwählen, einfach einen Bereich anklicken und mit der Maus über die weiteren Kommentare fahren, um diese mit in die Auswahl aufzunehmen.

Text: Mit dem Textwerkzeug können Sie auf dem White Board schreiben.

Draw (Zeichnen): Dieses Symbol ermöglicht es, Linien, Pfeile und Formen einzufügen.

Stamp (Stempel): Fügt vordefinierte Formen wie etwa einen Stern ein.

Spotlight: Verwandelt Ihren Cursor in eine Art Spotlight. Alternativ können Sie den Mauspointer in einen kleinen Pfeil tauschen.

Eraser (Radierer): Mit dem Eraser lassen sich bereits geschriebene Kommentare wieder löschen.

Format: Über das Format ist es möglich, Bereiche mit Farbe zu hinterlegen, die Linienstärke und Schriftgröße zu ändern.

Undo: Setzt die letzte Eingabe zurück.

Redo: Stellt die letzte Eingabe, die Sie zuvor rückgängig gemacht haben, wieder her.

Clear (Löschen): Löscht alle vorhandenen Kommentare

Save (Speichern): Speichert das aktuelle White Board als PNG oder PDF Datei. Die Dateien werden in den dafür ausgewählten Ordner im Dateiverzeichnis auf dem Rechner abgelegt.

Über die Seitenkontrollfunktion im rechten unteren Bereich des White Boards können Sie neue Seiten hinzufügen und zwischen den einzelnen Seiten hin- und herblättern. Allerdings steht diese Funktion nur derjenigen Person zur Verfügung, die das White Board initial erstellt hat.

Damit Sie nicht alleine tätig sein müssen, erlauben Sie den anderen Teilnehmern, ebenfalls auf dem White Board zu schreiben. Dafür klicken Sie im Kontrollmenü für das Bildschirm Teilen den *Mehr (More)* Button. Über das Menü können Sie einstellen, ob die Namen des entsprechenden Teilnehmers bei Erstellen eines Kommentars mit angezeigt werden soll oder nicht. Sofern dieses Feature eingeschaltet ist, wird der Name des Kommentarverfassers neben dem White Board Kommentar angezeigt.

Dokumente teilen

Die Dateiübertragung während dem Meeting ermöglicht es Ihnen, Dateien an andere Teilnehmer zu senden, die ebenfalls am Meeting teilnehmen. Um diese Funktion nutzen zu können, darf die Option zur nahtlosen Verschlüsselung nicht aktiviert sein.

Zum Aktivieren der Funktion *Dateiübertragung im Meeting* benötigen Sie Administrator Rechte. Loggen Sie sich ein um die Kontoeinstellungen zu bearbeiten und navigieren Sie im Bereich der Kontoeinstellungen zu der Option *Dateiübertragung*. Diese befindet sich auf der Registerkarte *Meeting*. Bestätigen Sie dort, dass die Einstellung aktiv ist. Sollte die Einstellung deaktiviert sein, klicken Sie die Umschaltfläche *Status* an und aktivieren diesen. Im Bestätigungsdialog wählen Sie den Eintrag *Einschalten* aus.

Wenn Sie die Übertragung nur in einem bestimmten Meeting aktivieren möchten, aktivieren Sie die Funktion im Bereich *Meine Meeting Einstellungen*. Dort selektieren Sie die Funktion für die Dateiübertragung.

Um während eines Meetings eine Datei zu übertragen, klicken Sie auf den Chat Button in der Menüleiste. Wählen Sie im Anschluss den Eintrag *Mehr* aus und danach die Option *Freigabe der Datei im Meeting*. So können Sie eine Datei entweder an alle Teilnehmer oder nur an den Host senden. Nach der erfolgreichen Übertragung erscheint ein grünes Häkchen hinter der Datei, die Sie versendet haben. Der Empfänger erhält einen Hinweis, dass eine Datei zum Download bereitsteht und kann entscheiden, ob er die Datei herunterladen möchte oder nicht. Sobald Sie die Option *Herunterladen* ausgewählt haben, können Sie die Datei öffnen und anschauen.

Einstellungen über das Sicherheitssymbol

Über das Sicherheitssymbol können Sie als Host verschiedene Optionen während eines Meetings aktivieren oder deaktivieren. Voraussetzung hierfür ist, dass die Funktion nicht von einem übergeordneten Konto-Admin deaktiviert wurde.

Viele der Einstellungen lassen sich bereits vor Start des Meetings im Bereich der Konto- und Benutzereinstellungen vornehmen. Sofern Sie diese dort bereits gesetzt haben, werden sie für das anstehende Meeting übernommen. Über das Sicherheitssymbol haben Sie während der laufenden Konferenz die Möglichkeit, nochmals auf alle Einstellungen zuzugreifen.

Folgende Sicherheitseinstellungen sind für Sie als Host verfügbar:

Als Host können Sie ein Meeting sperren. Das bedeutet, dass das aktuelle Meeting geschlossen ist und verhindert, dass plötzlich neue Teilnehmer beitreten.

Sie haben die Option, für neu hinzukommende Teilnehmer einen virtuellen Wartebereich zu aktivieren. Auch aktive Teilnehmer können in den Warteraum verlegt werden. Zudem können Sie den einzelnen Teilnehmern unterschiedliche Funktionen zuweisen.

Entscheiden Sie, wer einen Bildschirm teilen und freigeben darf, ob die Chat-Funktion aktiviert wird, dass Teilnehmer sich umbenennen können oder ob Anmerkungen zu freigegebenen Inhalten erlaubt sind. Es steht Ihnen ebenfalls die Möglichkeit offen, Teilnehmer zu entfernen und im Bedarfsfall dem Sicherheitsteam von Zoom einen Teilnehmer zu melden.

Aufzeichnungen aufnehmen

Sie haben die Möglichkeit, Ihr Meeting aufzuzeichnen. Dazu steht zum einen die Aufzeichnung als Cloud Aufzeichnung oder als Lokale Aufzeichnung zur Verfügung. Eine Cloud Aufzeichnung ermöglicht es Ihnen, eine Videoaufzeichnung vom aktiven Redner und Audioaufzeichnungen von Meetings in der Zoom Cloud zu speichern. Von dort können Sie die Datei herunterladen. Alternativ kann das Webinar auch in einem Browser mit HTML 5 oder Flash als Stream geteilt werden.

Um eine Cloud Aufzeichnung aufnehmen zu können, benötigen Sie das entsprechende Abo für Cloud-Aufzeichnungen, welches Sie zu Ihrer Zoom Version (ausser Basis) hinzubuchen können. Um die Funktion zu aktivieren, gehen Sie in Ihre Profileinstellungen und aktivieren sie dort den entsprechenden Eintrag. Sobald Sie eine Konferenz durchführen, die Sie als Cloud Aufzeichnung aufnehmen möchten, gehen Sie auf den Punkt "Aufzeichnen" in der Besprechung und wählen dann "Zur Cloud aufzeichnen".

Eine lokale Aufzeichnung kann nur für Meetings stattfinden, wenn eine unterstützte Version genutzt wird. Die zurzeit unterstützten Versionen sind:

- Windows: Version 4.0.25513.0228 oder neuer
- Mac: Version 4.0.25513.0228 oder neuer

Beachten Sie, dass es nicht möglich ist, ein Meeting von einem Tablet aus zu starten und es dann aufzunehmen.

Virtuelle Hintergründe einrichten

Zoom bietet virtuelle Hintergründe an, die für Besprechungen genutzt werden können. Für Teilnehmer sieht dies dann so aus, als wären Sie beispielsweise in einer Bibliothek, am Strand oder gar auf einer Raumstation. Damit dies möglichst gut funktioniert, sollte der Bildschirm gleichmässig beleuchtet sein, damit der Unterschied zwischen Ihnen und dem Hintergrund erkannt wird. Neben den Bildern aus der Zoom Gallery können Sie auch eigene Fotos oder Videos zum Einblenden hochladen. Achten Sie darauf, dass das Foto dem Seitenverhältnis der Kamera entspricht. Bei einer Kameraeinstellung von 16:9 sollte das Foto im Idealfall eine Auflösung von 1280 x 720 Pixel oder 1920 x 1080 Pixel haben. Für Videos wird eine Mindestauflösung von 480 x 360 und maximal 1920 x 1080 Pixel empfohlen.

Um Ihren virtuellen Hintergrund einzurichten, loggen Sie sich in Ihrem Zoom Webportal ein und navigieren

Sie zu dem Bereich *Meeting Einstellungen*. Dort können Sie das Häkchen zur Aktivierung des virtuellen Hintergrunds setzen. Für den Fall, dass die Einstellung nicht möglich ist, wenden Sie sich an Ihren Administrator. Die Option ist in diesem Fall für die Kontoebene gesperrt.

Um einen virtuellen Hintergrund für alle Mitglieder in Ihrer Organisation zu aktivieren, melden Sie sich als Administrator mit der Berechtigung zur Kontoeinstellungsbearbeitung an und wählen den Bereich *Kontoeinstellungen* aus. Danach klicken Sie auf der Registerkarte *Meeting* den Eintrag *Virtueller Hintergrund* an. Falls der Eintrag deaktiviert ist, können Sie ihn hier aktivieren. Für den Fall, dass Sie den Hintergrund für eine bestimmte Gruppe einrichten möchten, haben Sie in den Einstellungen der Gruppenverwaltung die Möglichkeit, die Funktion zu aktivieren. Damit die Einstellung aktiviert wird, müssen sich die Benutzer in beiden Fällen einmal vom Desktop Client ab und wieder anmelden.

Neben den persönlichen Profilen ist es auch möglich, einen virtuellen Hintergrund in den Zoom Rooms einzurichten.

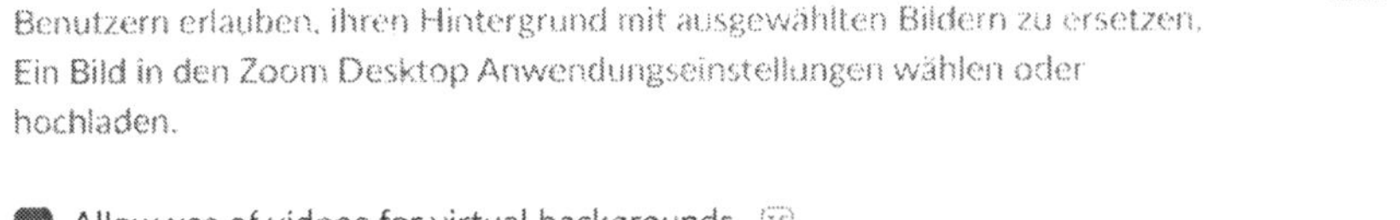

Abb.: Virtueller Hintergrund einrichten

Ist die Funktion bereits in den Einstellungen aktiviert, können Sie diese während eines Meetings anschalten. Gehen Sie dafür im Zoom Desktop Client auf den ^ Pfeil bei dem Button *Video Starten/Beenden*. In dem dann aufklappenden Menü wählen Sie den Eintrag *Einen virtuellen Hintergrund wählen*, selektieren den gewünschten Hintergrund und bestätigen diesen durch Anklicken aus.

Sollte es Probleme bei der Nutzung der virtuellen Hintergründe geben, sind hier einige mögliche Ursachen gelistet:

- Es erfolgte keine Ab- und Anmeldung nach der Aktivierung, um die Funktion zu aktivieren
- Der Bildschirmhintergrund ist nicht gut genug ausgeleuchtet
- Es liegen keine Berechtigungen in der Ebene vor, um einen Hintergrund einzurichten

Sollten die Probleme anhalten, kontaktieren Sie den Zoom Support.

Filter, Rahmen und Beleuchtung

Sie denken, dass eine Online Konferenz immer langweilig und gleich ablaufen muss? Weit gefehlt, Mit den lustigen Filtern oder Rahmen bringen Sie Pepp in ein Meeting und vielleicht auch den ein oder anderen Kollegen zum Schmunzeln.

Über die Option *Hintergrunde und Filter* lassen sich lustige Ohren aufsetzen, ein Einhorn auf die Stirn kleben oder eine coole Sonnenbrille verwenden. Mit einem passenden Filter können Sie Glitzereffekte einblenden oder Ihr Video in einen bestimmten Farbton tauchen.

Mit der Beleuchtung können Sie so arbeiten, dass Sie im wahrsten Sinne des Wortes im besten Licht erscheinen. Wenn das noch nicht ausreicht, steht Ihnen zusätzlich ein Weichzeichner zur Verfügung, um ein optimales Videobild zu erzielen.

Abb.: Option zur Nutzung von Filtern und Hintergründen

Gruppennachrichten erstellen

Mit der Gruppennachrichtenfunktion können Sie auf einfache und schnelle Art und Weise sowohl private als auch öffentliche Gruppen erstellen und sich mit den Mitgliedern austauschen. Innerhalb dieser Gruppen können Sie chatten, Dateien, Screenshots oder Bilder versenden und ein kurzfristiges Gruppentreffen starten. Das Gruppentreffen ist sowohl mit als auch ohne Videofunktion möglich. Für Gruppennachrichten können Desktop PCs, Mac- iOS oder Android Geräte mit Zoom verwendet werden.

Um eine Gruppennachricht zu starten, melden Sie sich zuerst einmal mit Ihrem Zoom Account an, dann klicken Sie auf die Kontakte. Sofern Sie noch keine Gruppe erstellt haben, können Sie über die Schaltfläche + *Gruppe hinzufügen* eine neue Gruppe eröffnen. Wählen Sie einen Namen für die Gruppe aus und laden Sie bestimmte Mitglieder ein oder erstellen Sie eine öffentliche Gruppe, in die jeder beitreten kann.

Weitere Optionen

Als weitere Option können Sie Teilnehmer beim Beitritt stummschalten. Dadurch sind alle Mikrophone bei Start des Meetings inaktiv. Diese Funktion ist vor allem dann sinnvoll, wenn es sich bei dem Meeting um eine Schulung oder Vorlesung handelt, bei der hauptsächlich nur der Host spricht. Durch das Stummschalten verhindern Sie unerwünschte Störungen. Sie haben zudem die Möglichkeit, die Videofunktion sowohl für den Moderator und für Teilnehmer über eine Checkbox ein- oder auszuschalten.

Aktivieren Sie über die Funktion *Alternative Moderatoren* einen Ersatzmoderator für den Fall, dass Sie selbst verhindert sind. Hinterlassen Sie für die ausgewählte Person eine E-Mail, in der ein Link angegeben ist. Mit diesem Link kann der alternative Moderator das Meeting ebenfalls starten. Ähnlich wie diese Funktion ist die Zuweisung der Planungsberechtigung. Über die Browsereinstellung können Sie andere Benutzer damit beauftragen, ein Meeting in Ihrem Namen zu organisieren und zu planen. Aktivieren Sie die

Einstellung *Berechtigung zuweisen* und tragen Sie die E-Mailadresse derjenigen Person ein, die für Sie die Planung übernehmen soll.

Indem Sie bestimmen, dass nur berechtigte Nutzer an einem Meeting teilnehmen können, benötigen die eingeladenen Teilnehmer je einen eigenen Zoom Account. Vorteil bei diesem Vorgehen ist, dass Sie in der Regel vor Spam-Nutzern geschützt sind.

9. Die Rollenbasierte Zugriffsteuerung

Initial verfügt jeder Benutzer in einem Zoom Konto über eine Systemrolle. Diese Rolle kann entweder die des Mitglieds, Administrators oder Inhabers (Owner) sein. Hinter jeder Rolle liegt ein Standardberechtigungssatz, der nicht geändert werden kann. Durch diese Berechtigungen wird gesteuert, welche Funktionen ein Benutzer nach der Konto Anmeldung angezeigt bekommt.

Durch eine rollenbasierte Zugriffssteuerung wird ermöglicht, dass Ihrem Konto weitere Benutzerrollen hinzugefügt werden können. Über diese Berechtigungen steuern Sie, welche Benutzer welche Bereiche angezeigt bekommen oder welche Informationen und Einstellungen die einzelnen Nutzer bearbeiten dürfen. Darüber hinaus haben Sie die Option, die Berechtigungen für die Systemrolle des Administrators zu ändern.

Zu Beginn der Zoom Konfiguration und der Nutzung des Accounts kann nur der Kontoinhaber selbst Rollen für Benutzer zuweisen. Auf der Profilseite des Zoom Kontos sehen Sie, welche Rolle Sie aktuell besitzen. Als Administrator oder Kontoinhaber können Sie nicht nur die eigene, sondern die Rollen aller im Unternehmen vorhandenen Nutzer einsehen. Wenn Sie als Kontoinhaber nicht die Rolle des Administrators übernehmen möchten, ist es ratsam, eine privilegierte Rolle hinzuzufügen, welche diese Aufgabe übernimmt.

Hierfür melden Sie sich als Inhaber des Zoom Accounts im Zoom Webportal an. Klicken Sie dort auf den Eintrag *Benutzerverwaltung* und wählen dann die *Rollenverwaltung* aus. Hier können Sie eine neue Rolle hinzufügen. Versehen Sie die neue Rolle mit einer Beschreibung und einem Namen, indem Sie das Kontrollkästchen für die Bearbeitung der Rollenverwaltung anklicken. Nachdem Sie die Anpassungen durchgeführt haben, scrollen Sie nach unten und bestätigen die Änderung durch Klick auf *Änderung speichern*. Danach gelangen Sie zurück zur Seite *Rollenverwaltung*. Nun können Sie weitere Rollenmitglieder benennen. Fügen Sie die neuen Mitglieder über die Registerkarte mit der Bezeichnung *Rollenmitglieder* hinzu. Für jeden Benutzer muss eine E-Mail Adresse hinterlegt werden. Mehrere Adressen trennen Sie durch ein Komma.

Weitere Benutzerrollen zuweisen

Um weitere Rollen mit spezifischen Rechten hinzuzufügen, müssen Sie sich als Kontoinhaber oder Benutzer mit den entsprechenden Bearbeitungsrechten im Webportal anmelden. Über die Benutzerverwaltung können Sie nun verschiedenen Benutzern über das Aktivieren von Kontrollkästchen unterschiedliche Berechtigungen zuweisen. Damit legen Sie fest, welche Seiten und Bereiche einzelne Nutzer sehen können oder welche Funktionen ihnen bei der Durchführung von einem Meeting zur Verfügung stehen.

Bestehende Benutzerrollen ändern

Sie haben jederzeit die Möglichkeit, bestehende Berechtigungen für eine Rolle zu ändern. Auch hierfür müssen Sie sich wieder als Kontoinhaber oder Benutzer mit den entsprechenden Berechtigungen im Zoom Webportal anmelden. Öffnen Sie erneut den Bereich für die Benutzerverwaltung und navigieren zur Rollenverwaltung. Klicken Sie bei der Rolle, die Sie ändern möchten, in die Aktionsspalte und wählen *Bearbeiten* aus. Aktivieren oder deaktivieren Sie nun mit Hilfe der Kontrollkästchen die verschiedenen Berechtigungen, die Sie zuweisen oder entfernen möchten. Nachdem Sie die Änderung durchgeführt haben, klicken Sie zur Bestätigung der Auswahl auf Speichern. Im Anschluss gelangen Sie zur übergeordneten Benutzer-Seite zurück.

10. Zoom for Home Einrichtung

Zoom for Home ermöglicht es den Teilnehmern, bequem von zu Hause an einem Meeting teilzunehmen. Die Lösung unterstützt integrierte Audio- und Videokonferenzen, Screen Sharing über WLAN und kann individuell auf die Bedürfnisse vor Ort angepasst werden. Voraussetzung zur Nutzung und Einrichtung sind ein Zoom Account und ein Gerät, welches die Software unterstützt und natürlich ein Arbeitsplatz.

Platzieren Sie Ihren Monitor an der gewünschten Stelle und schließen ihn an das Strom- und Netzwerk an. Dann schalten Sie Ihr Zoom for Home Gerät an. Tippen Sie auf das *Einloggen* Symbol auf dem Startbildschirm. Sofern Sie sich über einen Pairing Code und einen Web Browser einloggen möchten, notieren Sie sich den Code und geben diesen in das entsprechende Feld auf der Zoom Homepage (www.zoom.us/pair) ein. Ihr Zoom for Home Gerät fordert Sie nun auf, die Anmeldung zu bestätigen. Sollten Sie das Setup eigenständig initiiert haben, wird der Prozess automatisch abgeschlossen. Sollte ein Administrator Ihrer Firma den Vorgang initiiert haben, bestätigen Sie dies. Als Alternative zur Anmeldung über einen Pairing Code ist die Anmeldung mit Ihrer E-Mail Adresse und einem Passwort möglich.

Auch im Homeoffice ist es sinnvoll, eine Bildschirm Sperre einzurichten, wenn Sie eine gewisse Anzahl Minuten von Ihrem Arbeitsplatz entfernt sind oder diesen bewusst sperren möchten. Sofern Sie sich initial registriert haben, werden Sie aufgefordert, einen

Code für die Bildschirm Sperre zu vergeben. Diese Einstellung können Sie auch zu einem späteren Zeitpunkt durchführen. Dafür klicken Sie die entsprechende Option im unteren rechten Bildbereich an.

Nun können Sie Ihr Zoom for Home Gerät problemlos nutzen und bekommen immer rechtzeitig angezeigt, wann das nächste Meeting ansteht. Wenn es soweit ist, einfach auf den Start Button klicken und teilnehmen.

11. Zoom Branding einrichten

Zoom ermöglicht es, über die Branding Funktion das Aussehen an das Cooperate Identity (CI) und Design Ihres Unternehmens anzupassen. Für die Anpassung sind Grundkenntnisse und Erfahrungen im Umgang mit html und css sehr hilfreich. Eine weitere Voraussetzung für die Einrichtung des Brandings ist eine sogenannte Vanity URL. Eine Vanity URL ist eine kundenspezifische URL wie beispielsweise ihrunternehmen.zoom,us. Sie benötigen solch eine URL nicht nur für den Fall des Brandings, sondern auch, wenn Sie eine Single Sign On Variante zum Einloggen wünschen.

Um mit dem Branding Vorgang zu starten, müssen Sie sich in Ihrem Zoom Web Portal einloggen. Navigieren Sie dort über das Menü zum Eintrag *Advanced* und dort zu *Branding*.

Laden Sie sich für Ihr Branding im Vorfeld die benötigten Grafiken in einen Ordner auf dem Netzwerk, auf den sie später Zugriff haben. Mögliche Grafiken können spezielle Hintergrundfarben oder Ihr Logo und ein Schriftzug sein. Klicken Sie im Bereich Branding auf den *Image* Tab. Suchen Sie dann nach den Grafik Dateien auf Ihrem Rechner und laden sie diese hoch. Sobald der Upload erfolgreich durchgeführt worden ist, erscheint die hochgeladene Grafik Datei in einer Liste. Dort wird die Grafik oder das Foto zusammen mit dem Pfad aufgelistet. Über einen *Löschen* Button können Sie das Foto wieder aus der Liste entfernen.

Die Startseite anpassen

Voreingestellt ist die Startseite mit dem Zoom Logo und mit drei Buttons zum *Beitreten*, *Starten eines Meetings* und *Einloggen* versehen.

Abb.: Die voreingestellte Startseite von Zoom

Um die Startseite anzupassen, müssen Sie im Zoom Webbrowser erneut in den Bereich *Branding* navigieren und dort den Tab für die *Landing Page* anklicken. Zum Ändern des Hintergrund Bildes müssen Sie die URL zwischen den Hochkomma Zeichen anpassen. Navigieren Sie zum Image Tab und kopieren Sie dann den Link, der unter der Pfadangabe steht.

Als Beispiel könnte die URL für das Hintergrundbild wie folgt aussehen.

Beispiel:

```
background-image:            url("https://ihrunterneh-
men.zoom.us/account/branding/p/back-
groundimage.jpg");
```

Nach erfolgreichem Upload wird Ihr ausgewähltes Foto als Hintergrundbild anstelle der Frau vor dem Laptop angezeigt.

Schriftfarbe ändern

Um die Schriftfarbe auf der Startseite zu ändern, müssen Sie das *Farbe* Attribut anpassen. Beachten Sie, dass nur die Schrift, nicht aber die Buttonfarbe geändert wird. Es wirkt optisch besser, wenn Sie eine dunklere Farbe für die Schrift wählen, sollten Sie einen hellen Hintergrund verwenden. Umgekehrt eignen sich helle Schriftfarben bei einem eher dunkleren Hintergrund. Als Beispiel können Sie die Schriftfarbe, die zuvor schwarz war, in weiss ändern.

Beispiel:

```
.content-body                                   {
 display:                              table-cell;
 vertical-align:                           middle;
 color:                                     white;
}
```

Titel der Seite ändern

Um den Titel der Seite zu ändern, müssen Sie noch immer im Webportal im Bereich *Branding* eingeloggt sein.

Sobald Sie den Titel ändern, wird dieser auch im Browser Tab geändert. Geben Sie Ihren eigenen Titel zwischen <title> und </title> ein.

Wenn Sie als Titel «Video- und Web Konferenzen, Online-Meetings und Screen Sharing» eingeben, muss die html Zeile wie folgt aussehen:

Beispiel:

```
<title>Video- und Web Konferenzen, Online-Meetings und
Screen Sharing</title> <!--customize landing page
title-->
```

Ändern der Button Farbe

Nachdem Sie nun schon erfolgreich den Hintergrund, die Schriftfarbe und den Titel geändert haben, folgt nun die Farbe der Buttons. Die Farbe ändert sich dann für die drei Buttons *Join*, *Host* und *Sign In*. Hier muss der Farbwert angegeben werden. Allerdings können Sie die Farbpipette nutzen, um den gewünschten Farbton auszusuchen. Der entsprechende Farbwert wird dann daneben angezeigt und sie können ihn für die Änderung übernehmen.

Der Code zum Ändern könnte wie folgt aussehen.

Beispiel:

```
.button                                                  {
 width:                                              80px;
 background-color: #000000; /*customize button color
*/
 border-color:                                    #2B6B6B4;
 padding:                    12px                    20px;
 display:                                    inline-block;
 text-align:                                       center;
 margin:                      10px                      0;
 transition:                   .3s                   ease;
}
```

Als erweiterte Funktion können Sie die Seite so gestalten, dass sich die Farbe ändert, wenn Sie mit der Maus über den Button fahren. Dieser Button Over Effekt lässt sich genau so ändern wie die eigentliche Button Farbe. Sie müssen mit der Pipette nur die gewünschte Farbe markieren und bekommen den Farbwert angezeigt.

Beispiel:

```
.button:hover                                            {
   background-color:   #eb9834;   /*customize   button
color                                                   */
 }
```

Natürlich können Sie auch noch die Textfarbe innerhalb der Buttons anpassen. Achten Sie darauf, dass Sie die Textfarbe so wählen, dass Sie sich von der Hintergrundfarbe deutlich abhebt und gut lesbar ist. Auch hier können Sie wieder auf die Farbpipette zurückgreifen, um den gewünschten Farbton auszusuchen.

Beispiel:

```
.btn-text                                                    {
 color: #EAF425; /*customize button font color */
 font-size:                                              17px;
}
```

Ändern des Logos

Das Zoom Logo erscheint über den drei Buttons. Um das Logo auszutauschen, müssen Sie im Webportal im Bereich *Branding* bei den Images den entsprechenden Pfad kopieren, der hinter dem Logo angegeben ist, das Sie anstelle des Zoom Logos verwenden möchten.

Beachten Sie, dass das Logo standardmässig 140 mal 31,5 Pixel misst. Damit dieses Ihr Firmenlogo nicht beeinträchtigt, können Sie das Zoom Logo löschen:

remove class="zoom-logo"

Navigation, Kopf- und Fusszeile ändern

Neben dem Hintergrundbild, der Schriftfarbe, den Buttons und dem Logo können Sie nun noch die Kopf- und Fusszeile mit ihrem Layout versehen. Hierzu müssen Sie im Webportal im Bereich Branding auf den Tab für Header, Footer, Sidebar klicken.

Über den Bereich Logo URL passen Sie das Logo im Header Bereich an. Kopieren Sie hierher die URL der Grafik, die Sie verwenden möchten. Ebenso können Sie den Header Bereich über Header Html anpassen.

Wenn Sie die Zoom Informationen aus dem Fusszeilen Bereich entfernen möchten, können Sie das im Footer html Bereich tun. Ersetzen Sie hierfür einfach den Code durch folgende Eingabe;

```
<div id="footer" class="container">
</div>
```

Falls Sie die Links in der Sidebar ändern möchten, können Sie diese über das Webportal im Bereich Sidebar austauschen.

12. Nützliche Tastaturkürzel

Zoom lässt sich nicht nur durch Navigieren der Maus durch das Programm steuern, sondern es gibt eine ganze Menge an Tastaturkürzel, die die Bedienung erleichtern. Alle Kürzel finden Sie auch unter den Einstellungen im Zoom Desktop Client.

Einige Kürzel funktionieren nicht nur in der Zoom Plattform. Das bedeutet, Sie können sie auch nutzen, wenn Zoom nicht aktiv ist.

Verfügbare Tastaturkürzel

Windows Tastenkürzel

Allgemeine Tastaturkürzel

- F6: Ermöglicht ein Navigieren zwischen den einzelnen Zoom Pop Up Fenstern
- Strg+Alt+Shift: Ändert den Fokus auf die Zoom Meeting Bedienelemente

Meeting Tastaturkürzel

- PageUp: Zeigt die letzten 25 Videostreams an (in der Galerieansicht)
- PageDown: Zeigt die nächsten 25 Videostreams an (in der Galerieansicht)
- Alt+F1: Wechselt im Meeting zur aktiven Sprecheransicht

- Alt+F2: Wechselt im Meeting zur Galerieansicht
- Alt+F4: Schließt das aktuelle Fenster
- Alt+V: Startet oder beendet ein Video
- Alt+A: Schaltet ein Audio stumm oder deaktiviert die Stummschaltung
- Alt+M: Schaltet die Audio Funktion für alle bis auf den Meeting-Host stumm oder hebt diese Funktion wieder auf (Diese Funktion ist nur für den Host verfügbar)
- Alt+S: Startet oder beendet die Bildschirmfreigabe (nur bei aktiver Kontrollleiste der Meeting-Bedienelemente Leiste)
- Alt+Umschalt+S: Startet oder beendet eine Bildschirmfreigabe (nur bei aktiver Kontrollleiste der Meeting-Bedienelemente Leiste)
- Alt+T: Hält eine Bildschirmfreigabe an oder setzt sie fort (nur bei aktiver Kontrollleiste der Meeting-Bedienelemente Leiste)
- Alt+R: Startet oder beendet lokale Aufzeichnung
- Alt+C: Startet oder beendet Cloud-Aufzeichnung
- Alt+P: Hält eine Aufzeichnung an oder setzt sie fort
- Alt+N: Wechselt die Kamera
- Alt+F: Startet oder beendet den Vollbildmodus
- Alt+H: Blendet den Chatbereich im Meeting ein- oder aus
- Alt+U: Blendet den Teilnehmerbereich ein- oder aus
- Alt+I: Öffnet das Einladungsfenster

- Alt+Y: Heben oder Senken der Hand
- Alt+Umschalt+R: Leitet eine Fernsteuerung ein
  Alt+Umschalt+G: Beendet eine Fernsteuerung
- Strg+2: Liest den Namen des aktiven Sprechers
- Strg+Alt+Umschalt+H: Blendet unfixierte Meeting-Bedienelemente ein oder aus

Chat Tastaturkürzel

- Alt+Umschalt+T: Erstellt einen Screenshot
- Alt+L: Wechselt die Ansicht zwischen Hoch- und Querformat
- Strg+W: Schließt die aktuelle Chatsitzung
- Strg+Up: Wechselt zum vorherigen Chat
- Strg+Down: Wechselt zum Chat
- Strg+T: Wechselt zum Chat mit Teilnehmern
- Strg+F: Öffnet das Eingabefeld für einen Suchbegriff
- Strg+Tab: Wechselt zur nächsten Registerkarte (rechts)
- Strg+Umschalt+Tab: Wechselt zur vorherigen Registerkarte (links)

Telefon Tastaturkürzel

- Strg+Umschalt+A: Nimmt einen eingehenden Anruf an
- Strg+Umschalt+E: Beendet den aktuellen Anruf
- Strg+Umschalt+D: Lehnt einen eingehenden Anruf ab
- Strg+Umschalt+M: Schaltet das Mikrofon stumm oder hebt die Stummschaltung auf

- Strg+Umschalt+H: Platziert einen Anruf in der Warteschleife platzieren oder holt einen Anruf aus Warteschleife heraus

Mac Tastaturkürzel

Allgemeine Kürzel

- Command(⌘)+W: Schließt das aktuelle Fenster
- Command(⌘)+L: Wechselt die Ansicht zwischen Hoch- oder Querformatansicht
- Strg+T: Wechselt von einer Registerkarte zu einer weiteren Registerkarte

Meetings Kürzel

- Command(⌘)+J: Beitreten zu einem Meeting
- Command(⌘)+Control+V: Beginnt ein Meeting
- Command(⌘)+J: Plant ein Meeting
- Command(⌘)+Control+S: Bildschirmfreigabe über die direkte Freigabe
- Command(⌘)+Umschalt+A: Stummschalten der Audio Funktion / Aufheben der Stummschaltung
- Command(⌘)+Control+M: Stummschalten der Audio Funktion für alle bis auf den Host (Funktion nur verfügbar für den Host)
- Command(⌘)+Control+U: Stummschalten der Audio Funktion für alle deaktivieren (Funktion nur verfügbar für den Host)
- Leertaste: Funktion Push-to-Talk

- Command(⌘)+Umschalt+V: Startet oder beendet ein Video
- Command(⌘)+Umschalt+N: Wechselt die Kamera
- Command(⌘)+Umschalt+S: Startet oder beendet die Bildschirmfreigabe
- Command(⌘)+Umschalt+T: Hält die Bildschirmfreigabe an oder setzt sie fort
- Command(⌘)+Umschalt+R: Startet eine lokale Aufzeichnung
- Command(⌘)+Umschalt+C: Startet eine Cloud-Aufzeichnung
- Command(⌘)+Umschalt+P: Hält eine Aufzeichnung an oder setzt sie fort
- Command(⌘)+Umschalt+W: Wechselt zwischen aktiver Sprecheransicht und Galerieansicht (je nach aktueller Ansicht)
- Control+P: Zeigt die vorigen 25 Teilnehmer an (in der Galerieansicht)
- Control+N: Zeigt die nächsten 25 Teilnehmer an (in der Galerieansicht)
- Command(⌘)+U: Ein- und Ausblenden des Teilnehmerbereichs
- Command(⌘)+Umschalt+H: Ein- und Ausblenden des Chatbereichs im Meeting
- Command(⌘)+I: Öffnet das Einladungsfenster
- Option+Y: Hebt oder senkt die Hand
- Strg+Umschalt+R: Leitet eine Fernsteuerung ein
- Strg+Umschalt+G: Beendet eine Fernsteuerung

- Command(⌘)+Umschalt+F: Startet oder beendet den Vollbildmodus
- Command(⌘)+Umschalt+M: Wechselt zum minimierten Fenster
- Command(⌘)+W: Fordert zum Beenden oder Verlassen des Meetings auf

Chat Kürzel

- Command(⌘)+K: Wechselt zum Chat mit den Teilnehmern
- Command(⌘)+T: Erstellt einen Screenshot

Linux Tastaturkürzel

Allgemeine Kürzel

- Strg+Tab: Wechselt von einer Registerkarte zur nächsten

Meetings Kürzel

- Alt: Die Funktion *Meeting-Bedienelemente immer anzeigen* wird in den allgemeinen Einstellungen ein oder ausgeschaltte
- Alt+V: Startet oder beendet ein Video
- Alt+A: Schaltet die Audio Funktion stumm oder deaktiviert sie
- Alt+M: Stummschaltung für alle bis auf den Host (Funktion nur für den Host verfügbar)
- Alt+S: Startet oder beendet eine Bildschirmfreigabe
- Alt+T: Hält die Bildschirmfreigabe an oder setzt sie fort

- Alt+R: Startet oder beendet eine lokale Aufzeichnung
- Alt+C: Startet oder beendet eine Cloud-Aufzeichnung
- Alt+P: Hält die Aufzeichnung an oder setzt sie fort
- Alt+N: Wechselt die Kamera
- Esc: Startet oder beendet den Vollbildmodus
- Alt+U: Blendet den Teilnehmerbereich ein oder aus
- Alt+I: Öffnet das Einladungsfenster
- Alt+Y: Hebt oder senkt die Hand
- Alt+Umschalt+R: Leitet die Fernsteuerung ein
- Alt+Umschalt+G: Widerruft die Fernsteuerungsberechtigung

Chat Kürzel

- Alt+Umschalt+T: Erstellt einen Screenshot
- Strg+W: Schließt das aktuelle Chatsitzung

Telefon Kürzel

- Strg+Umschalt+A: Nimmt einen eingehenden Anruf annehmen
- Strg+Umschalt+E: Beendet einen aktuellen Anruf
- Strg+Umschalt+D: Lehnt einen eingehenden Anruf ab
- Strg+Umschalt+M: Schaltet das Mikrofon stumm oder hebt die Stummschaltung wieder auf

- Strg+Umschalt+H: Platziert einen Anruf in Warteschleife oder holt ihn dort heraus

iPad Kürzel

Über die iPad Tastatur stehen Ihnen in einem Zoom Meeting die folgenden Kürzel zur Verfügung:

- Command + Umschalt + A: Audio auf stumm schalten oder Stummschaltung deaktivieren
- Command + Umschalt + V: Startet oder beendet Mein Video
- Command + Umschalt + H: Ein- und Ausblenden des Chats
- Command + Umschalt + M: Minimieren des Meetings
- Command + U: Zeigt die Teilnehmerverwaltung an oder blendet sie aus
- Command + W: Schließt das vordere Fenster, z. B. das Fenster für Meeting- oder Teilnehmer Einstellungen

13. Zoom Rooms

Erste Schritte bei der Nutzung von Zoom Rooms

Zoom Rooms stellt eine Erweiterung von Zoom dar und ist ein softwarebasiertes Raumsystem. Das Raumsystem ist so konzipiert, dass es eine integrierte Nutzung für drahtlose Bildschirmfreigaben, Audiokonferenzen und Videokonferenzen bietet. Zoom Rooms kann von Raumteilnehmern und Remote Teilnehmern gleichermassen genutzt werden. Remote Teilnehmer wählen sich von einem anderen Raum ein oder treten mit Hilfe eines mobilen Endgeräts oder Desktop PCs bei.

Um Zoom Rooms nutzen zu können, benötigt jeder Raum mindestens einen Computer, auf dem die Zoom Rooms Software installiert ist und ausgeführt wird. Zusätzlich wird ein Tablet (iPad oder ein Android Gerät) benötigt, auf welcher die Zoom Rooms App installiert ist. Weitere Geräte, die notwendig sind für die Nutzung sind Lautsprecher, Kameras, Mikrofone und TV-Bildschirme.

Lizenzierung von Zoom Rooms

Für die Bereitstellung von einem Zoom Room benötigen Sie eine Zoom Rooms Lizenz oder eine 30-tägige

Testversion. Die Lizenzen können Sie über die Homepage von Zoom Rooms oder über den Zoom Vertrieb erhalten. Mit der Testlizenz haben Sie die Möglichkeit, eine Testumgebung einzurichten, ein Testmeeting durchzuführen und einem Meeting beizutreten. Bei der Teilnahme an einem Meeting stehen Ihnen mit einer Testlizenz allerdings nur eingeschränkte Funktionalitäten zur Verfügung.

Auf der Homepage ist die Zoom Room Software zum Download verfügbar. Sie können zwischen der Zoom Rooms-App für Windows und Mac, der Zoom Rooms-App für das iPad und der Version für Android Tablets wählen.

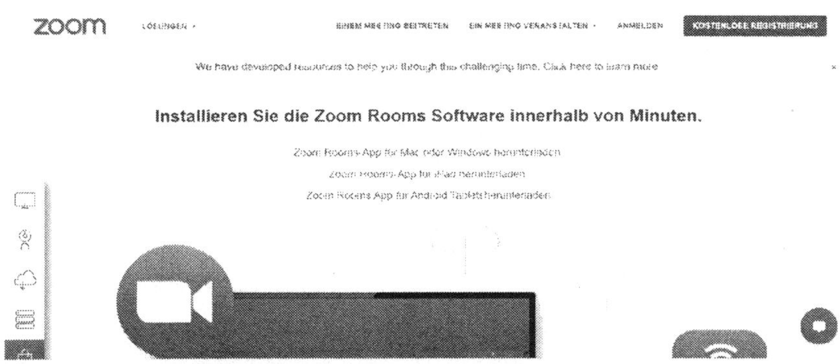

Abb.: Download der Zoom Rooms-Software

Zoom Rooms vorbereiten

Damit Zoom Rooms problemlos funktioniert, sind einige vorbereitende Schritte notwendig.

- Definieren Sie ein passendes Tabellenlayout für Ihren Raum.
- Besorgen Sie kompatible Hardware, die zur Nutzung von Zoom Rooms geeignet ist.
- Bereiten Sie das Netzwerk vor. Dies kann kabelgebunden oder kabellos sein.
- Konfigurieren Sie die Firewall.
- Fügen Sie über das Zoom Rooms Portal Benutzer hinzu und legen Sie fest, wer den Raum verwaltet.
- Fügen Sie über das Webportal oder den Controller einen Zoom Rooms Raum hinzu.
- Integrieren Sie Ihr Kalendersystem (Office, Google Mails etc.)
- Tragen Sie alle benötigten Anmeldeinformationen auf einer Room Konto Karte ein und speichern diese in einem sicheren Ordner ab
- Prüfen Sie in einem letzten Schritt nochmals die Verkabelung, damit die Verbindung reibungslos hergestellt werden kann.

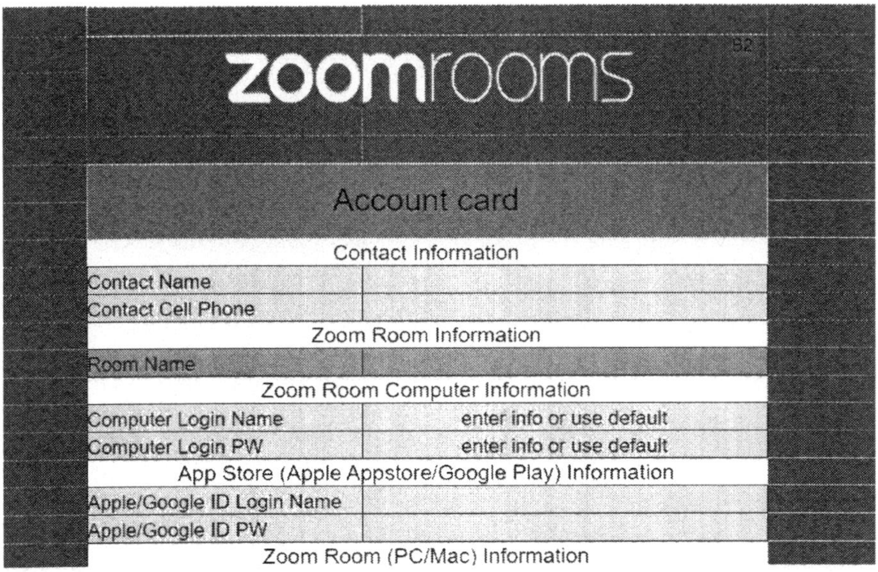

zoomrooms

Account card	
Contact Information	
Contact Name	
Contact Cell Phone	
Zoom Room Information	
Room Name	
Zoom Room Computer Information	
Computer Login Name	enter info or use default
Computer Login PW	enter info or use default
App Store (Apple Appstore/Google Play) Information	
Apple/Google ID Login Name	
Apple/Google ID PW	
Zoom Room (PC/Mac) Information	

Abb.: Ausschnitt einer Rooms Konto Karte

Einrichten der Zoom Rooms

Nachdem Sie Ihre Hardware vorbereitet haben, schalten Sie Ihren Rechner und den Room Controller ein, um sich dann mit dem Netzwerk zu verbinden. Falls erforderlich, aktualisieren Sie die einzelnen Komponenten wie TV- oder die Firmware der Audiogeräte. Im Anschluss richten Sie das System ein, indem Sie den Computer und den Controller für den sogenannten Kiosk Modus konfigurieren. Danach installieren Sie, falls noch nicht geschehen, die Software und den Controller für Zoom Rooms. Für Kamera, Lautsprecher, Lautstärke und Mikrofon wählen Sie zunächst die Standardeinstellungen aus. Überprüfen Sie nochmals die Einrichtung und schließen Sie sie dann ab.

Der Zoom Room Controller

Nachdem Sie Ihren Zoom Room erfolgreich vorbereitet und eingerichtet haben, können Sie in der Leiste die Schaltfläche für die sogenannte Controller Benutzerschnittstelle anklicken. Der Controller ist Ihr Bedienpanel in den Zoom Rooms. Beachten Sie, dass je nach Plattform nicht alle Funktionen verfügbar sein können. Nutzen Sie den Raum Controller, um sich Kontakte anzusehen, ein Meeting zu starten oder einen Anruf über ein SIP Gerät zu tätigen. Im Kontaktverzeichnis sind standardmäßig interne Nutzer aus der gleichen Organisation gelistet. Falls Sie die Kontakte ändern möchten, ist das über die *Kontakte verwalten* Funktion möglich. Natürlich können Sie auch ein Meeting starten. Hierzu stehen Ihnen als Host verschiedene Möglichkeiten offen.

Ein Zoom Room Meeting starten

Das Starten und Beitreten zu einem Zoom Room Meeting unterscheidet sich nur unwesentlich vom Beitreten eines Zoom Meetings. Eine Variante, um ein Meeting zu starten, ist in die Meeting Liste im linken Menü zu gehen. Dort sehen Sie eine Übersicht der vorhandenen Meetings. Wählen Sie den gewünschten Eintrag aus der Liste aus und klicken dann im Anschluss auf den Start Button. Um ein Sofort Meeting zu starten, wählen Sie den Eintrag *Meet Now* im linken Menüpanel aus. Suchen Sie einen geeigneten Zoom Room aus oder nutzen Sie die Suchfunktion, um Kontakte zu finden, mit denen Sie sprechen möchten. Natürlich ist es auch möglich, einem Meeting mit Hilfe einer Meeting ID beizutreten. Hierzu klicken Sie auf den *Beitreten*

Eintrag im linken Menü und geben im Anschluss mit Hilfe des Nummernfeldes auf dem Bildschirm Ihre Meeting ID ein. Klicken Sie auf den Haken neben dem Nummernfeld, um den Beitritt zu bestätigen.

Eine weitere Option ist das Beitreten über ein bereits vergangenes Meeting. Wählen Sie hierzu aus der Liste der kürzlich durchgeführten Meetings das gewünschte aus, in dem Sie die Meeting ID eingeben.

Einladung über Telefon

Während eines Meetings in einem Zoom Room können Sie einen Teilnehmer über einen Telefonanruf hinzufügen. Natürlich ist es auch möglich, ein 1 zu 1 Gespräch über das Telefon durchzuführen. Um jemanden mit einem Telefon einzuladen, ist das *Audio Plan* Add On erforderlich. Dies entfällt, falls zusätzlich eine Zoom Phone Lizenz vorhanden ist. Starten Sie Ihr Meeting von einem Zoom Room aus und klicken Sie aus *Einladen* in ihrem Zoom Room Controller. Wählen Sie im nächsten Schritt *Einladen über Telefon* aus. Über die Länderflagge können Sie das Land auswählen, sollte es sich um ein internationales Gespräch handeln. Geben Sie dann die Nummer ein und klicken Sie auf das Telefon Icon. Über den Nach-Unten Pfeil können Sie bereits angerufene Nummern aus einer Liste selektieren und für den Anruf nutzen.

Zusätzliche Ressourcen

Als weiteres Angebot können Sie *Professionelle Dienstleistungen für Zoom Rooms* in Anspruch nehmen. Bei diesem Angebot steht Ihnen ein Team mit Rat und Tat zur Seite, wenn Sie Fragen zur Nutzung haben. Das Team hilft Ihnen auch dabei, einen bestehenden Konferenzraum umzugestalten oder es führt eine Standortanalyse mit entsprechenden Hardwareempfehlungen durch.

Natürlich stehen Ihnen auch sonst zahlreiche weitere Funktionen, die denen der Zoom Meetings Software sehr ähnlich sind, zur Verfügung. Unter anderem können Sie auch hier einen virtuellen Hintergrund einrichten oder Ihren Bildschirm teilen.

14. Zoom Phone

Zoom Phone ist eine Add-On Funktion der Zoom Plattform. Sie ermöglicht Ihren Benutzern ein leistungsstarkes, mobiles und flexibles cloudbasiertes Telefonsystem.

Erste Schritte mit dem Zoom Phone

Um Zoom Phone nutzen zu können, benötigen Sie die neueste Desktop Client Version von Zoom oder alternativ die mobile App. Und natürlich benötigen Sie eine Zoom Phone Lizenz.

Sobald Sie durch Ihren Zoom Phone Administrator eine Lizenz zugewiesen bekommen, erhalten Sie eine E-Mail mit dem Link zur Einrichtung Ihres Zoom Phones. Klicken Sie auf den Link in der E-Mail oder, für den Fall, dass Sie keine Mail erhalten haben, gehen Sie auf das Webportal von Zoom und dort in den Telefon Bereich. Geben Sie im nächsten Schritt alle notwendigen Informationen ein. Dazu gehören Ihre Landes- und Ortsvorwahl, die Zeitzone und die PIN zum Abhören der Voicemail. Prüfen Sie, ob die Zeitzone richtig gewählt wurde. Sie hat Einfluss auf unterschiedliche Funktionen wie etwa Öffnungszeiten oder Urlaubstage, sollten Sie diese Angaben hinterlegen wollen.

Die PIN für die Voicemail benötigen Sie, damit Sie Ihre Sprachnachrichten abhören können. Nachdem Sie die Einstellungen vorgenommen haben, klicken

Sie auf *Setup*. Nun können Sie im Webportal unter *Telefon* die Registerkarte *Einstellungen* aufrufen. Hier haben Sie die Möglichkeit, verschiedene Informationen zu hinterlegen. Das können beispielsweise Öffnungs- und Schließzeiten sein, wenn Sie Anrufe nur in einer bestimmten Zeit entgegennehmen möchten. Sie können eine Notfalladresse angeben, die übermittelt wird, falls Sie einen Notruf absetzen. Und natürlich können Sie auch eine Begrüßung auf Ihrer Voicemail hinterlegen, die abgespielt wird, ehe der Anrufer zur Voicemail durchgestellt wird.

Anrufe tätigen

Um Personen in der gleichen Organisation anzurufen, können Sie einfach das Kontaktverzeichnis in der mobilen App oder über den Zoom Desktop Client aufrufen.

Alternativ steht Ihnen natürlich auch eine Wähltastatur zur Verfügung, auf welcher Sie jede Nummer manuell eingeben können. Wenn Sie gerade nicht gestört werden möchten und ein Anruf eingeht, haben Sie die Möglichkeit, den Anrufer direkt zur Voicemail weiterzuleiten. Dafür einfach auf den Ablehn / Decline Button klicken und schon landet der Anrufer bei Ihrer Voicemail.

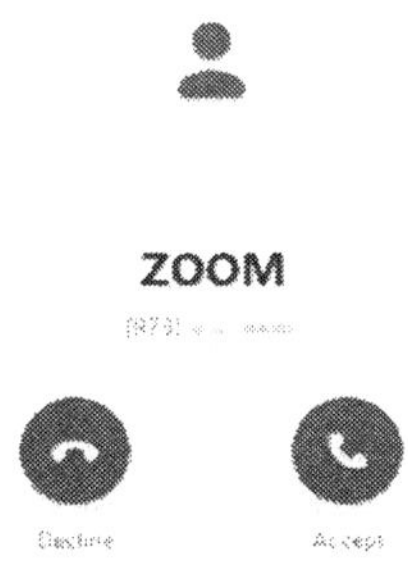

Abb.: Zoom Phone Anruf Option

Während eines Anrufs können Sie auf weitere Bedienelemente wie das Aufzeichnen, Halten von Anrufen oder Weiterleiten eines Anrufs zugreifen. Und Sie können mit Ihrem Gesprächspartner am anderen Ende der Leitung ein Zoom Meeting starten. Dafür müssen Sie einfach über die In-Phone Kontrolle den *Meet* Button auswählen. Wenn Sie möchten, können Sie das Gespräch auch auf einem anderen Gerät fortsetzen.

Zoom Phone funktioniert ebenfalls über Tischtelefone. Welche Modelle geeignet sind, können Sie über das Zoom Portal einsehen.

Anrufe entgegennehmen

Sobald ein Anruf eingeht, zeigt das Zoom Phone eine Anrufbenachrichtigung an. Sollten Sie Ihren Status auf Bitte nicht stören gestellt haben, erhalten Sie keine Benachrichtigung über den eingehenden Anruf. Zum Annehmen eines Anrufs klicken Sie einfach auf den Annehmen Button. Alle Anrufe, die Sie nicht entgegengenommen haben, landen in Ihrer Voicemail. Zum Abhören der Nachrichten können Sie entweder die mobile App, den Zoom Desktop Client oder das Webportal nutzen.

Kommt ein zweiter Anruf während eines Gesprächs an, können Sie den aktuellen Gesprächspartner kurz in die Warteschleife durchstellen und den neuen, eingehenden Anruf beantworten. Mit den Bedienelementen haben Sie die Möglichkeit, zwischen den einzelnen Gesprächen hin und herzuwechseln oder Sie können das Gespräch zu Dritt weiterführen.

Im Anrufverlauf werden alle Anrufe gelistet. Sie sehen dort, welche Anrufe aufgenommen wurden, welche Anrufe Sie verpasst haben oder welche Sie entgegengenommen haben.

Weitere Funktionen mit dem Zoom Phone

Das Zoom Phone kann viel mehr als nur für das herkömmliche Telefonieren genutzt werden. Zum Beispiel können Sie Anrufe delegieren, wenn Sie das Gespräch selbst nicht annehmen können. Dafür weisen Sie einfach einen weiteren Telefonbenutzer an, das Gespräch für Sie entgegen zu nehmen. Sie haben keine Lust, Anrufe einer bestimmten Nummer oder mit einem bestimmten Präfix entgegen zu nehmen? Kein Problem. Fügen Sie diese Nummern zur Liste der blockierten Nummern hinzu. Über den gemeinsamen Sprachnachrichten Eingang haben Sie die Möglichkeit,

Ihre Voicemails mit einem anderen Nutzer innerhalb des Unternehmens zu teilen. Dies kann sinnvoll sein, wenn die Sprachnachrichten durch mehrere Kollegen weiterbearbeitet werden sollen.

15. Wertvolle Tipps und Tricks

Ein Meeting in ein Webinar wandeln

Auch wenn ein Meeting und Webinar ähnliche Funktionen bieten, unterscheiden sie sich doch in einigen wesentlichen Bestandteilen. Während ein Meeting in erster eine Veranstaltung ist, bei der sich alle Teilnehmer beteiligen sollen dient ein Webinar in hauptsächlich dazu, dass ein Host in Form eines Lehrers oder Vortragenden den Inhalt präsentiert und die Teilnehmer in der Rolle der Zuhörer sind.

Manchmal kommt es vor, dass ein Meeting aufgesetzt wurde und sich dann herausstellt, dass die Form eines Webinars passender wäre. In solchen Fällen lässt sich ein Meeting über das Zoom Web Portal in ein Webinar umwandeln. Der Link, den die Teilnehmer erhalten haben, bleibt gültig. Alle weiteren Einstellungen, die bereits vorgenommen wurden, bleiben ebenfalls gültig.

Um das Meeting umzuwandeln, loggen Sie sich im Web Portal ein. Dann klicken Sie im Menü auf den Bereich *Meetings*. Wählen Sie den Namen des Meetings aus, das Sie in ein Webinar umändern wollen. Unten auf der Seite können Sie auf den Eintrag *Meeting in ein Webinar umwandeln* selektieren. Bestätigen Sie, dass Sie die Umwandlung durchführen wollen und bestätigen Sie die Änderung.

Zoom Bombing verhindern

Zoom Bombing bezeichnet ein Phänomen, welches sich analog zum Photo Pombing dadurch auszeichnet, dass sich böswillige Nutzer ohne Zugangsberechtigung in Videokonferenzen einschalten und die Teilnehmer stören und belästigen.

Eine Möglichkeit, sich gegen Zoom Bombing zu schützen, ist jedes Meeting mit einer eigenen ID zu versehen. Mit einer eigens generierten ID wird es Dritten erschwert, sich Zugang zu verschaffen. Hilfreich ist ausserdem die Warteraum Funktion. Teilnehmer werden so aktiv durch den Host zur Sitzung zugelassen und können nicht selbstständig beitreten. Als Host sollten Sie zudem darauf achten, dass nur von Ihnen berechtigte Teilnehmer eigene Übertragungen starten und den Bildschirm teilen dürfen.

Neben diesen Grundeinstellungen ist es wichtig, sich mit der Situation auseinander zu setzen, um vorbereitet zu sein, sollte es dennoch zu einer Zoom Bombing Situation kommen. Wichtig ist, den Eindringling so schnell es geht stumm zu schalten und aus dem Meeting zu entfernen.

Das Zoom Passwort zurücksetzen

Nichts ist ärgerlicher, wie das eigene Passwort zu vergessen. Dennoch kommt es immer wieder einmal vor, dass man sich einfach nicht mehr daran erinnern kann. Falls Sie Ihr Zoom Passwort vergessen haben, gehen Sie auf die Homepage von Zoom und dort in den Bereich für die Passworteinstellungen. Geben Sie dort Ihre hinterlegte E-Mail Adresse und den captcha Code ein, der angezeigt wird. Falls der captcha Code schwer zu erkennen ist, können Sie sich entweder einen neuen erzeugen lassen oder sich über Klick auf das Audio Symbol einen Audio Code generieren lassen. Mit Klick auf Abspielen wird der Code abgespielt. Wenn Sie beides eingegeben haben, drücken Sie auf den Sende-Button und es wird Ihnen eine E-Mail mit einem Link zum Zurücksetzen des Passworts zugeschickt. Öffnen Sie den Link und vergeben sich dann ein neues Passwort. Geben Sie das Passwort ein zweites Mal zur Bestätigung ein und klicken dann auf Speichern. Nun haben Sie erfolgreich Ihr Passwort zurückgesetzt und sollten sich wieder in Ihr Zoom Portal einloggen können. Als Sicherheit erhalten Sie nochmals eine weitere Bestätigung per Mail, dass das Passwort erfolgreich geändert wurde.

Falls Sie eine Mail erhalten, in welcher steht, dass kein Account gefunden wurde im Zuge der Passwort Zurücksetzung, weist das darauf hin, dass mit der angegebenen E-Mail Adresse kein Zoom Account verknüpft ist. Bestätigen Sie in diesem Fall, dass Sie die E-Mail Adresse korrekt eingegeben haben. Alternativ können Sie sich mit einem Google oder Facebook Account einloggen. Wenn Ihr Account Teil eines Business Accounts ist, können Sie sich auch über die Single Sign-On (SSO) Variante einloggen.

Manchmal kommt es auch vor, dass Sie keine Bestätigungs Mail erhalten, nachdem Sie ihr Passwort zurückgesetzt haben. Dann schauen Sie bitte in Ihrem Spam Ordner. Sollte die Mail dort gelandet sein, bestätigen Sie, dass Mails mit dem Absender in der Inbox landen. In seltenen Fällen kann es auch einige Minuten bis zu einer halben Stunde oder länger dauern, bis die Mail ankommt. Warten Sie daher erst einmal ab, ob nicht doch noch eine Mail bei Ihnen ankommt. Falls dies nicht geschieht, kontaktieren Sie den technischen Support von Zoom und bitten dort um Hilfe.

Der Link zum Zurücksetzen Ihres Passworts ist 24 Stunden lang gültig. Sollten Sie erst nach dieser Zeitspanne auf den Link klicken, müssen Sie einen neuen anfordern. Falls Sie mehrere Anfragen abgeschickt haben, ist stets der Link in der neuesten Mail der gültige.

Echo im Audio – Was tun?

Nicht selten kommt es vor, dass in der Audiowiedergabe ein Echo ertönt. Dies kann bei einer Online Konferenz oder während der Durchführung eines Webinars sehr lästig sein.

Falls Sie einen Echo Ton oder eine Audio Rückkopplung während dem Meeting hören, gibt es drei wahrscheinliche Ursachen dafür:

Eine Möglichkeit für die Störung liegt darin, dass sowohl die Audio Einstellung am Computer als auch am Telefon eingeschaltet und aktiv ist. Dieser Fall tritt häufig auf, wenn Sie sich über einen Computer anmelden, dann aber mit einem Telefon einwählen. Schalten Sie eine der beiden Audio Quellen ab, damit die Störung aufhört.

Eine weitere mögliche Störungsquelle könnte darin liegen, dass sich zwei Teilnehmer mit ihren Lautsprechern zu nah beieinander befinden. Und – eine dritte häufige Ursache – liegt darin, dass sich mehrere Computer mit eingeschalteter Audiofunktion im gleichen physikalischen Raum sind. Beachten Sie, dass es nicht genügt, das Mikrofon stumm zu schalten, da in diesem Fall der Lautsprecher immer noch an ist.

Falls Sie nicht sicher sind, von wem das Störgeräusch verursacht wird, können Sie nacheinander die einzelnen Teilnehmer stumm schalten und so ermitteln, woher das Geräusch stammt. Im Umkehrverfahren können Sie als Host auch zuerst alle Teilnehmer stumm schalten und dann einen nach dem anderen die Stummschaltung wieder wegnehmen.

Wie kann ich die E-Mail Adresse meines Kontos ändern?

Um sich in Ihrem Zoom Konto anzumelden, gibt es vier unterschiedliche Arten. Sie können sich mit Ihrer (Firmen-) Mail Adresse anmelden, Sie können sich über Ihr Facebook oder Google Konto anmelden oder Sie können eine einmalige Anmeldung über die SSO Variante durchführen. In Ihrem Profil können Sie sehen, welche E-Mail Adresse Sie zur Anmeldung verwenden und ob noch weitere Anmeldearten hinterlegt sind. Sofern Sie sich über eine E-Mail Adresse, Google oder Facebook anmelden, haben Sie die Möglichkeit, die E-Mail Adresse zu ändern. Sollten Sie sich nur über SSO angemeldet haben, muss die Änderung über das Support Team laufen.

Zum Ändern der Adresse klicken Sie neben der hinterlegten E-Mail Adresse in Ihrem Profil auf *Bearbeiten*. Nun geben Sie eine neue Adresse ein und Speichern die Änderungen ab. Zur Bestätigung wird eine Mail an die neue E-Mail Adresse versendet. Klicken Sie hier auf die Bestätigungsaufforderung, um die Änderung abzuschliessen.

Side by Side Modus nutzen

Der Side by Side Modus ist eine praktische Art, sich den Bildschirm anzeigen zu lassen. Und zwar können Sie durch diese Einstellung den freigegebenen Bildschirm, die Galerie der Teilnehmer und den Sprecher nebeneinander anzeigen lassen. Mit der Trennzeichen Funktion können Sie bestimmen, wie die Größe der jeweiligen Seitenbereiche aussehen soll.

Wenn Sie sich bereits in einem aktiven Meeting befinden und den Bildschirm anzeigen, können Sie sich die Optionen anzeigen lassen und dort den Nebeneinander-Modus wählen. Sie sehen nun den freigegebenen Bildschirm auf der linken Hälfte des Monitors und den Sprecher auf der rechten Monitorhälfte. Verschieben Sie das Trennzeichen, um die Seitenansichten zu vergrößern oder zu verkleinern. Falls Sie diesen Modus wieder beenden möchten, klicken Sie erneut auf den Bereich zum Anzeigen der Optionen, dann selektieren Sie den Eintrag für den Nebeneinander Modus und heben somit die Auswahl wieder auf.

Für den Fall, dass Sie den Nebeneinander Modus als Standard nutzen möchten, können Sie dies in den

Programmeinstellungen auswählen. Klicken Sie hier auf die Einstellungen und überprüfen Sie den Nebeneinander Modus in der Registerkarte. Sobald jemand die Bildschirmfreigabe in einem Meeting startet, wechselt Zoom automatisch in den Side by Side Modus.

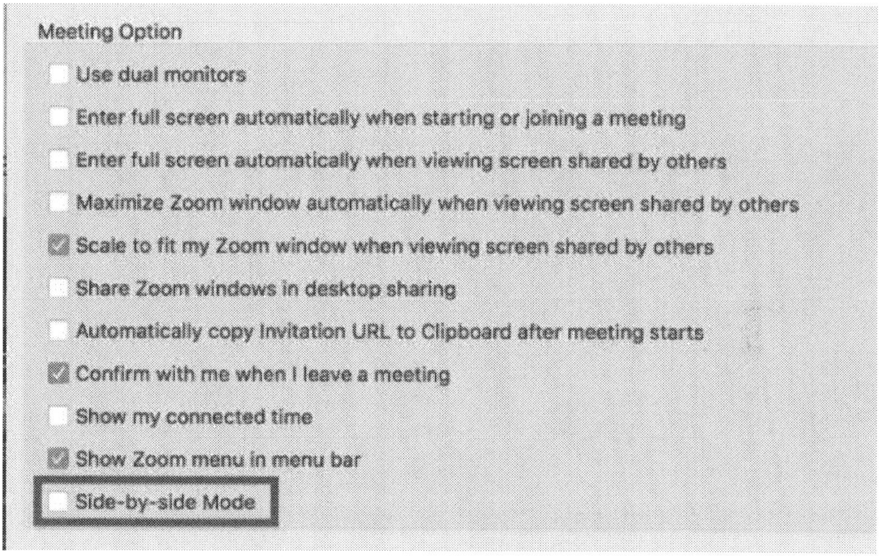

Abb.: Side by Side Modus einstellen

Eine sichere Zwei-Faktor Authentifizierung nutzen

Durch die Zwei Faktor Authentifizierung (2FA) können Administratoren Sicherheitsverletzungen vorbeugen und die Benutzer besser schützen. Bei der Zwei Faktor Authentifizierung müssen sich Online Benutzer mit zwei oder mehreren Berechtigungsnachweisen verifizieren. Dadurch bestätigt der Benutzer das Eigentumsrecht am Konto. Die Bestätigung kann durch eine

PIN, ein Kennwort oder aber auch durch einen Fingerabdruck, die Stimme oder ähnliches erfolgen. Die Vorteile einer solchen Zwei Faktor Authentifizierung liegen klar auf der Hand. Durch die verbesserte Sicherheit können Unternehmen das Risiko von Sicherheitsverletzungen und Identitätsdiebstahl verringern. Ein einfaches Abfangen von Passwörtern oder der Zugriff auf ein Gerät reicht nicht mehr aus, um sich Zugang zu verschaffen.

Dank der Zoom 2FA steht den Benutzern die Möglichkeit zur Verfügung, eine Authentifizierungs-App zu nutzen, die ein zeitbasiertes Passwort Management unterstützt und sich als zweites Verfahren von Zoom einen Code per Telefonanruf oder SMS zukommen zu lassen.

Damit Sie die Zoom 2FA nutzen können, müssen Kontoadministratoren einige Voreinstellungen durchführen. Im Zoom Dashboard muss im Bereich *Erweitert - Sicherheit* die Option für die Zwei Faktor Authentifizierung als aktiviert gekennzeichnet sein. Sie können entscheiden, ob Sie allen Benutzern oder nur einigen Benutzern mit spezifischen Rollen diese Art der Verifizierung zuteilen. Klicken Sie auf Speichern, um die Änderung zu übernehmen.

Konten zu einer Organisation verknüpfen

Als Kontoinhaber und Administrator können Sie mehrere Zoom Konten zusammenführen und zu einer Organisation verknüpfen. Durch die Verknüpfung zu einer Organisation müssen die einzelnen Mitglieder die Kontakte aus der Organisation nicht manuell aus den Kontakten verknüpfen, um mit Ihnen zu kommunizieren. Beachten Sie, dass ein Zoom Konto jeweils nur einer Organisation angehören kann.

Um eine neue Organisation zu erstellen, klicken Sie im Zoom Webportal auf den Bereich Kontoverwaltung und dort auf die Chatverwaltung. Unter *Konten mit einer Organisation verknüpfen* wählen Sie den Eintrag *Neue Organisation erstellen* aus. Geben Sie nun den Namen für Ihre Organisation und die E-Mail Adresse des Kontoinhabers ein, das mit der Organisation verknüpft werden soll. Durch Klick auf *Erstellen* wird der Vorgang abgeschlossen.

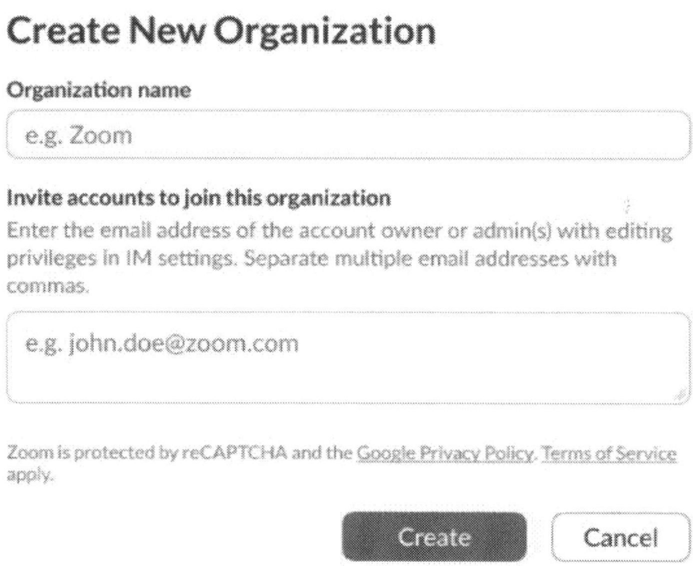

Abb.: Eine neue Organisation erstellen

Zoom Server Logs einsehen

Zoom erstellt eine ganze Reihe von Server Logs, um mögliche Fehlerquellen bei einem Problem ausfindig zu machen. Hier sind einige gängige Log Files aufgelistet, die der Zoom Server oder Preview Server für Sie bereithält:

- audit_log: Loggt jegliche Aktionen der Benutzer innerhalb des Systems - [ZoomServerDir]/logs/audit_log.*
- previewdog_log: Log file für den Watchdog, welcher den Preview Server startet. Dieser Log ist sehr nützlich bei der Fehlersuche, wenn der Preview Server nicht startet - [ZoomServerDir]/logs/previewdog_log
- preview_log: Log für den Preview Server Service- [ZoomServerDir]/logs/preview_log.*
- server_log: Log für den Zoom Server Service - [ZoomServerDir]/logs/server_log.*
- watchdog_log: Log Für den Zoom Server Watchdog, der den the Zoom Server startet. Dieser Log ist sehr nützlich bei der Fehlersuche, wenn der Zoom Server nicht startet. - [ZoomServerDir]/logs/watchdog_log

Einen Zoom Account löschen

Als Nutzer der Basis Version können Sie Ihren Zoom Account jederzeit löschen. Ihr Zoom Account wird dann permanent gelöscht. Nutzer einer kostenpflichtigen Version müssen erst Ihren Vertrag kündigen.

Sofern Sie eine kostenfreie Version verwenden, loggen Sie sich in Ihrem Zoom Web Portal ein. Dort navigieren Sie zu dem Account Management Bereich. Wählen Sie hier den Eintrag *Account löschen* aus und bestätigen Sie Ihre Auswahl. Im Anschluss werden Sie auf die Startseite von Zoom geleitet und Sie bekommen in einer Nachricht bestätigt, dass Ihr Account erfolgreich gelöscht worden ist.

Schlusswort

Zoom ist eine professionelle Software für Onlinekonferenzen und Webinare. Die zahlreichen Funktionen und Erweiterungsmöglichkeiten heben das Programm von vielen anderen Anbietern ab. Hierzu zählt unter anderem die Option, dass mehrere Teilnehmer gleichzeitig ihren Bildschirminhalt teilen und mit Anmerkungen versehen können. Eine rollenbasierte Benutzerverwaltung, Warteräume und eine Verschlüsselung der Meetings sorgen für eine hohe Sicherheit.

Sie möchten zu einem späteren Zeitpunkt die Inhalte des Meetings erneut anschauen? Auch das ist mit Zoom kein Problem. Ihre Meetings lassen sich lokal oder über die Cloud aufzeichnen. Selbst ein Webinar mit mehreren 100 Teilnehmern ist möglich. Durch die unterschiedlichen Modelle und Erweiterungen von Zoom können Sie sich ihr maßgeschneidertes Online-Konferenzprogramm zusammenstellen.

Bei der Entwicklung wurde zudem stets ein großes Augenmerk auf die Benutzerfreundlichkeit gelegt. Die meisten Einstellungen und die Anwendung von Zoom sind intuitiv. Sollten Sie dennoch Hilfe benötigen, finden Sie auf der Homepage sehr gute Anleitungen und FAQs zu vielen Themen rund um die Software.

Ein weiterer Pluspunkt ist die hohe Kompatibilität. Zoom läuft unter den verschiedenen Betriebssystemen und allen gängigen Internetbrowsern. Die Mobile

Version ist sowohl für Android als auch für Apple erhältlich. Auf der Webseite von Zoom sehen Sie, welche Hardware Komponenten empfohlen werden.

Sollten Sie in Ihrem Unternehmen oder als Privatperson also auf der Suche nach einer Software für die Durchführung von virtuellen Konferenzen oder Webinaren sein, ist Zoom definitiv eine gute Wahl.

Haftungsausschluss

Die Umsetzung aller enthaltenen Informationen, Anleitungen und Strategien dieses Buchs erfolgt auf eigenes Risiko. Für etwaige Schäden jeglicher Art kann der Autor aus keinem Rechtsgrund eine Haftung übernehmen. Für Schäden materieller oder ideeller Art, die durch die Nutzung oder Nichtnutzung der Informationen bzw. durch die Nutzung fehlerhafter und/oder unvollständiger Informationen verursacht wurden, sind Haftungsansprüche gegen den Autor grundsätzlich ausgeschlossen. Ausgeschlossen sind daher auch jegliche Rechts- und Schadensersatzansprüche. Dieses Werk wurde mit größter Sorgfalt nach bestem Wissen und Gewissen erarbeitet und niedergeschrieben. Für die Aktualität, Vollständigkeit und Qualität der Informationen übernimmt der Autor jedoch keinerlei Gewähr. Auch können Druckfehler und Falschinformationen nicht vollständig ausgeschlossen werden. Die Bilder stammen von der Homepage www.pixabay.com und es handelt sich um lizenzfreie Fotos. Für fehlerhafte Angaben vom Autor kann keine juristische Verantwortung sowie Haftung in irgendeiner Form übernommen werden.

Urheberrecht

Impressum

1. Auflage

Kontakt: Roland Andres, Auergütlweg 10, 4030 Linz

Printed in Poland
by Amazon Fulfillment
Poland Sp. z o.o., Wrocław

69576932R00072